Descobrir Jogos Online Grátis

Disponível Aqui:

BestActivityBooks.com/FREEGAMES

5 DICAS PARA COMEÇAR

1) CÓMO RESOLVER LAS SOPA DE LETRAS

Os puzzles têm um formato clássico:

- As palavras estão escondidas sem espaços ou hífenes,...
- Orientação: As palavras podem ser escritas para a frente, para trás, para cima, para baixo ou na diagonal (podem ser invertidas).
- As palavras podem sobrepor-se ou intersectar-se.

2) APRENDIZAGEM ACTIVA

Ao lado de cada palavra há um espaço para anotar a tradução. Para encorajar a aprendizagem activa, um **DICIONÁRIO** no final desta edição permitir-lhe-á verificar e expandir os seus conhecimentos. Procure e anote as traduções, encontre-as no puzzle e adicione-as ao seu vocabulário!

3) MARCAR AS PALAVRAS

Pode inventar o seu próprio sistema de marcação - talvez já use um? Pode também, por exemplo, marcar palavras difíceis de encontrar com uma cruz, palavras favoritas com uma estrela, palavras novas com um triângulo, palavras raras com um diamante, e assim por diante.

4) ESTRUTURANDO A APRENDIZAGEM

Esta edição oferece um **CADERNO DE NOTAS** prático no final do livro. Nas férias, em viagem ou em casa, pode facilmente organizar os seus novos conhecimentos sem a necessidade de um segundo caderno!

5) JÁ TERMINOU TODAS AS GRELHAS?

Nas últimas páginas deste livro, na secção **DESAFIO FINAL**, encontrará um jogo gratuito!

Rápido e fácil! Consulte a nossa colecção de livros de actividades para o seu próximo momento de diversão e **aprendizagem**, a apenas um clique de distância!

Encontre o seu próximo desafio em:

BestActivityBooks.com/MeuProximoLivro

Aos vossos lugares, preparem-se...Vão!

Sabia que existem cerca de 7.000 línguas diferentes no mundo? As palavras são preciosas.

Adoramos línguas e temos trabalhado arduamente para criar livros da mais alta qualidade para si. Os nossos ingredientes?

Uma selecção de tópicos adequados à aprendizagem, três boas porções de entretenimento, e depois acrescentamos uma colherada de palavras difíceis e uma pitada de palavras raras. Servimo-los com amor e máximo divertimento, para que possa resolver os melhores jogos de palavras e se divirta a aprender!

A sua opinião é essencial. Pode participar activamente no sucesso deste livro, deixando-nos um comentário. Gostaríamos de saber o que mais lhe agradou nesta edição.

Aqui está um link rápido para a sua página de encomendas:

BestBooksActivity.com/Avaliacoes50

Obrigado pela vossa ajuda e divirtam-se!

1 - Dirigindo

```
K U R T P J U G H F T O L W Q G
L E U H Q S Z D E T R O T O M I
A U C Z Q R O T O M A D E P E S
L G P E S A L G P K N B X N X A
U L E T L Y F S E J S Y Z X S G
L I J E I A E Q T A P N B I P W
I S A R B P K R A L O C C C Q Q
N E L O O E U A N A R J B V S U
T N A W M K P K A N T H U P Q K
A S N O H P Y A N N A C A A X K
S I K N E O D B A F S L G T G R
M S A G D L I N M P I V Z P I E
K A K A G I J A A B A H A Y A M
S R I N V S H H E H U G V T P K
U A K F T I T A K C M V R T O Q
I G V W N E O B V Z A D L T U T
```

KECELAKAAN	PETA
TRUK	SEPEDA MOTOR
MOBIL	MOTOR
BAHAN BAKAR	PEJALAN KAKI
HATI	BAHAYA
JALAN	POLISI
REM	KEAMANAN
GARASI	TRANSPORTASI
GAS	LALU LINTAS
LISENSI	TEROWONGAN

2 - Antiguidades

```
D Y I O E P X H N X P C G P T D
E H B T E I S A T S E V N I J F
K E L E G A N R B A C U P T D Z
O A L M H S I G P A T U N G C A
R J E Y H S O A G K E H R O Z S
A H L E Q W K S A T I L A U K L
T A A V D N H X O Z R D V T S I
I I N U X K H S T U E K A N F S
F G G K T T C R X G L E B E M A
W V X Z D A B A Y G A C B C O R
A O K P Y E P A J F G Y I E N O
P A S A I B K A D I T D A A Y T
S A I S U T N A T U A V X B D S
L E J N V S A I D Y I L G H Y E
D A N C M N B F T E B B N J J R
D I O I A L I N A S M A N K R G
```

SENI	INVESTASI
ASLI	LELANG
DEKORATIF	MEBEL
DEKADE	KOIN
ELEGAN	HARGA
ANTUSIAS	KUALITAS
PATUNG	RESTORASI
GAYA	ABAD
GALERI	NILAI
TIDAK BIASA	TUA

3 - Churrascos

```
M U S I K S A U S B Y W C U U P
V Y S M X K A U Z U W O E N Z E
Q T X O W D E P K A I B J D P R
Y N E W N Z P L Z H Z M G A X M
L G J Z D S D I A V O S Z N N A
X Q R M Q B S A S P E U M G W I
E U B F E T Q G L A A J B A G N
T M P K G T R R D C U R D N R A
N O S A Y U R A N T A X A R I N
Q D J N D C K U X P N N L N L J
M A K A N M A L A M A Y A K L L
T O M A T V P E R E K N S Y J A
M Y D H I W Y K T N V C A B Z D
M A K A N S I A N G E H K S O A
M U S I M P A N A S U U K E E B
F Q Y P W I N Y M G A R A M W B
```

MAKAN SIANG	PERMAINAN
UNDANGAN	SAYURAN
ANAK	SAUS
PISAU	MUSIK
KELUARGA	LADA
KELAPARAN	PANAS
AYAM	GARAM
BUAH	SALAD
GRILL	TOMAT
MAKAN MALAM	MUSIM PANAS

4 - Pesca

```
K  B  P  D  D  S  V  O  M  S  P  P  N  B  H  F
L  E  U  M  P  A  N  D  M  C  O  F  V  E  D  A
P  P  R  N  U  H  X  U  X  E  W  A  K  R  M  U
E  I  F  A  Q  U  O  Q  M  X  B  B  E  L  H  W
R  A  N  G  N  A  N  A  A  X  K  F  S  E  I  O
A  T  X  S  F  J  M  B  S  J  U  B  A  B  Z  L
H  N  C  N  A  T  A  L  A  R  E  P  B  I  M  W
U  A  E  N  N  N  T  N  K  Q  Q  F  A  H  U  R
A  P  Z  F  K  U  G  P  G  G  G  Q  R  A  S  S
N  M  Q  H  W  A  R  A  H  A  N  G  A  N  I  F
A  O  T  A  I  R  I  M  P  W  G  N  N  K  M  V
D  S  U  N  G  A  I  T  A  W  A  K  G  V  W  P
F  R  A  K  K  C  K  A  A  P  C  P  A  N  G  W
I  U  L  G  M  Y  K  R  P  S  S  I  R  I  P  L
K  A  S  B  U  H  P  E  G  J  L  X  L  Q  W  I
A  W  H  U  E  E  M  B  Q  J  J  S  R  O  I  N
```

AIR	UMPAN
SIRIP	DANAU
PERAHU	RAHANG
INSANG	LAUT
KERANJANG	KESABARAN
MASAK	BERAT
PERALATAN	PANTAI
BERLEBIHAN	SUNGAI
KAWAT	MUSIM
KAIT	

5 - Geologia

```
G  M  B  F  X  K  J  K  R  I  Y  Z  S  D  K  P
X  I  U  K  O  T  W  G  A  R  A  M  I  G  Y  Q
Z  Z  C  Y  K  S  X  N  U  G  U  K  K  U  H  K
F  Q  R  Y  N  B  I  Q  G  I  N  H  L  N  N  G
K  U  A  R  S  A  S  L  R  Q  E  B  U  U  W  Z
Y  X  H  M  F  P  S  G  P  E  B  J  S  N  Z  F
S  T  A  L  A  K  T  I  T  C  E  K  T  G  F  O
I  Y  L  A  N  O  Z  P  P  N  I  U  L  B  G  W
R  B  B  T  I  M  G  A  L  A  T  S  G  E  E  O
P  Y  A  S  F  W  M  V  G  I  L  N  P  R  M  L
G  J  T  I  P  Z  G  C  W  V  M  M  R  A  P  F
Y  F  U  R  U  G  L  N  N  H  Y  Y  Y  P  A  Q
F  S  Q  K  X  P  V  W  A  L  U  G  A  I  B  Y
K  A  L  S  I  U  M  V  Q  R  D  Y  S  Y  U  G
X  M  C  T  C  M  I  N  E  R  A  L  A  U  M  A
E  R  O  S  I  X  P  D  R  A  J  K  M  J  I  R
```

ASAM	STALAGMIT
LAPISAN	FOSIL
GUA	LAHAR
KALSIUM	MINERAL
SIKLUS	BATU
BENUA	KUARSA
KARANG	GARAM
KRISTAL	GEMPA BUMI
EROSI	GUNUNG BERAPI
STALAKTIT	ZONA

6 - Ética

```
D T M C H L Y U L R K R Z K I R
U I O W Y O W J Y E E E Q E N A
K K P L W C R Q F T B A X J T S
E E K L E M Y M D D I L K U E I
B S A Z O R A J A W J I E J G O
A A S C Z M A K E T A S M U R N
I B I G N E A N M X K M A R I A
K A H R P T M T S F S E N A T L
A R S X G B A A I I A B U N A I
N A A L B W S B M K N Z S E S T
Z N Y N E W A A I I A L I N B A
C Z A M P X J T T Y A Q A F W S
S A N J R R R R P R N B A N I Y
V M G J V B E A O P O Q N T E X
W N V Y I L K M F I L S A F A T
L I N C O A L T R U I S M E C R
```

ALTRUISME
KEBAIKAN
KASIH SAYANG
KERJA SAMA
MARTABAT
DIPLOMATIK
FILSAFAT
KEJUJURAN
KEMANUSIAAN
INTEGRITAS

OPTIMISME
KESABARAN
RASIONALITAS
WAJAR
REALISME
HORMAT
KEBIJAKSANAAN
TOLERANSI
NILAI

7 - Tempo

```
C V D M D G B S A A T J C O G D
Q Y I A A B H Q Y H N K U U V Q
C U J L S Z N C L W I K U G N V
K G N A R A K E S L D A Z H B R
P G D M A E W T P M U L E B E S
R N U H A T H A R L W E R H U L
R I G A P P A X R R G N A L U B
I M V A F B R H S S E D A B A W
S V E Z U E I T K I A E Y K C T
F E A N Z S I A C C T R Z O K J
U N T D I P N H S E M M I E E J
Y D W E U T I U P D M K U E M A
Y G K W L Z G N A I S G P X A M
Z R E I R A H A Y E W M Y Q R M
S U Y J W Z H N C Y I S W G I Q
M A S A D E P A N K V M L S N M
```

SEKARANG
TAHUN
SEBELUM
TAHUNAN
KALENDER
SETELAH
DASAWARSA
HARI
MASA DEPAN
HARI INI

JAM
PAGI
SIANG
BULAN
MENIT
SAAT
MALAM
KEMARIN
MINGGU
ABAD

8 - Astronomia

```
M O N O R T S A Y M P K R V P X
U E G C X X B U L A N O A I E V
O D T E N A L P Y W O N D L K Z
O S F E T W B W B B B S I D A G
L B D I O R E T S A G T A R V A
A F S B N R B R H I V E S M G T
N I C E O Y D I B X K L I T N S
G A K U R S U R Y A C A O T A E
I Y F I T V R O K E T S X O A M
T F B V S C A P C K Q I H Q P E
O P K F A G X T D B K O S M O S
E Q U I N O X X O M U K E T T M
N E B U L A P Y G R U M M R I A
S U P E R N O V A E I G I S I L
M X P H G E R H A N A U Z K E A
G I M G R A V I T A S I M R G K
```

ASTEROID	BULAN
ASTRONOT	METEOR
ASTRONOM	NEBULA
LANGIT	OBSERVATORIUM
KONSTELASI	PLANET
KOSMOS	RADIASI
GERHANA	SURYA
EQUINOX	SUPERNOVA
ROKET	BUMI
GRAVITASI	ALAM SEMESTA

9 - Acampamento

```
K A S I L G S E G P X F S M T F
A D Y I K M X T I W T I C F Z I
B G W B C Q E J V W A M F X Z X
I P A B I K Y I B S G U A N A D
N P G W L N A T A L A R E P K J
O T E W A S A P M O K U K S U C
H Q O T T O R T M U V B B Z Q P
O H V P A L E Q A T O R U X M V
P N A P I I T I L N B E K A N O
F A A X V E N B A E G B G Q A M
Z D N Q N U E G O I R R U N T J
R N A G N A L A U T E P N M U V
S E R A N G G A R J U W U D H U
Q T Y U A R B Z O D T O N O H P
G H U L O H W Y H Z A C G F Y F
B U L A N W Q J T F Y B P N I Y
```

BINATANG
PETUALANGAN
POHON
KOMPAS
KABIN
BERBURU
KANO
TOPI
TALI
PERALATAN

HUTAN
API
SERANGGA
DANAU
LENTERA
BULAN
PETA
GUNUNG
ALAM
TENDA

10 - Ficção Científica

```
U  Z  B  N  J  T  E  N  A  L  P  F  X  F  D  R
U  N  W  I  M  Y  Q  K  J  E  G  A  Y  U  C  V
T  R  F  T  O  B  O  R  N  D  D  N  M  T  K  C
L  L  J  N  T  S  U  H  U  A  J  T  P  U  E  P
L  X  Z  T  A  A  K  W  J  K  I  A  Z  R  K  S
D  U  N  I  A  I  I  O  V  A  A  S  D  I  S  B
D  I  S  T  O  P  I  A  P  N  P  T  T  S  T  S
I  M  A  J  I  N  E  R  B  H  I  I  E  T  R  O
O  S  E  W  D  S  G  W  T  R  O  S  K  I  E  S
Y  R  U  K  U  B  A  T  A  M  R  U  N  K  M  G
J  U  A  L  F  C  L  M  B  N  W  V  O  O  I  W
N  T  E  C  I  Q  A  F  Y  G  W  E  L  Y  O  W
A  B  V  M  L  M  K  L  V  A  I  P  O  T  U  Y
L  B  R  A  H  E  S  Y  G  I  R  D  G  J  Q  A
I  Q  U  N  I  N  I  V  M  B  R  U  I  I  U  Z
L  F  L  I  C  K  C  A  W  R  P  D  T  Y  I  P
```

ATOM	ILUSI
BIOSKOP	IMAJINER
JAUH	BUKU
DISTOPIA	GAIB
LEDAKAN	DUNIA
EKSTREM	ORACLE
FANTASTIS	PLANET
API	ROBOT
FUTURISTIK	TEKNOLOGI
GALAKSI	UTOPIA

11 - Mitologia

```
J  S  W  V  T  A  N  P  Z  Q  R  M  X  U  C  P
P  W  K  Y  C  Z  S  A  A  Y  F  T  N  R  H  E
T  E  Q  M  J  Y  R  H  Y  Y  C  S  S  A  Y  R
R  K  N  F  A  N  A  L  S  A  G  J  Q  K  L  I
A  N  A  C  N  E  B  A  P  E  D  A  V  A  Z  L
D  A  T  B  I  A  G  W  Z  S  D  U  T  S  P  A
N  I  A  R  W  P  F  A  J  P  Y  Z  B  A  E  K
E  D  U  E  W  G  T  N  R  E  E  L  Z  V  T  U
G  A  K  P  K  L  S  A  P  S  U  J  Z  R  I  W
E  B  E  K  Z  Q  H  Q  A  V  R  M  U  Q  R  G
L  A  K  N  N  J  F  A  F  N  U  M  A  A  K  R
K  E  C  E  M  B  U  R  U  A  N  X  J  M  N  L
I  K  T  U  W  K  E  Y  A  K  I  N  A  N  L  G
P  O  L  A  D  A  S  A  R  M  A  K  H  L  U  K
B  A  L  A  S  D  E  N  D  A  M  J  L  G  Z  R
G  U  N  T  U  R  K  L  A  B  I  R  I  N  Y  Z
```

POLA DASAR	PAHLAWAN
KECEMBURUAN	KEABADIAN
PERILAKU	LABIRIN
KEYAKINAN	LEGENDA
PENCIPTAAN	GAIB
MAKHLUK	RAKASA
BUDAYA	FANA
BENCANA	PETIR
KEKUATAN	GUNTUR
PEJUANG	BALAS DENDAM

12 - Medições

```
C  D  P  V  K  M  H  F  A  E  X  L  T  B  H  J
K  E  D  A  L  A  M  A  N  M  F  N  V  Y  A  H
P  M  O  G  S  X  Z  A  L  I  T  E  R  T  V  S
P  A  N  J  A  N  G  L  R  B  B  V  S  E  X  F
O  R  M  A  S  S  A  P  E  G  E  A  T  O  N  F
H  G  N  S  D  O  N  Q  T  L  A  R  E  S  K  H
I  O  R  L  W  I  W  Q  E  K  R  A  A  R  R  N
D  L  Y  E  I  W  O  V  M  Q  F  B  L  T  B  H
E  I  G  G  N  I  T  O  I  M  E  E  X  A  K  M
M  K  Z  T  F  X  U  L  T  E  Q  L  A  J  O  P
D  E  S  I  M  A  L  U  N  T  Y  U  G  A  K  H
I  W  N  N  C  F  J  M  E  E  D  J  R  R  B  I
L  M  O  E  N  N  Q  E  S  R  U  Y  S  E  E  I
D  H  Z  M  F  O  I  R  O  Q  Z  F  Z  D  K  V
K  I  L  O  M  E  T  E  R  B  H  K  G  F  F  Q
T  J  Y  F  H  K  F  C  X  E  W  T  N  E  B  G
```

TINGGI	METER
BYTE	MENIT
SENTIMETER	ONS
PANJANG	BERAT
DESIMAL	INCI
GRAM	KEDALAMAN
DERAJAT	KILOGRAM
LEBAR	KILOMETER
LITER	TON
MASSA	VOLUME

13 - Álgebra

```
S D F A K T O R V Q O E H A K S
O I J P T U Q E A M X M V S F U
L A G F E O Q K U E T X A F N D
U G N U R U K S T U N N O L Z O
S R Q X O W G P V A R I A B E L
I A W E M B E O R T N Y L K M Z
Q M N D O T F N U U K R R U A A
J K Q T N V Y E Q C M J P A T R
S H M N V M M N L X I U A N R H
B N A G N A R U G N E P S T I O
P A S L L Y M I R B P D M I K F
N A A M A S R E P Q R I Y T S R
E Z L C O S R D D R M V F A A A
L Z A E W K P E N Q M I H S K K
J X H A L M U J L T A S Z I Q S
T A K T E R B A T A S I E F R I
```

DIAGRAM	MATRIKS
DIVISI	NOMOR
PERSAMAAN	KURUNG
EKSPONEN	MASALAH
SALAH	KUANTITAS
FAKTOR	SOLUSI
RUMUS	JUMLAH
FRAKSI	PENGURANGAN
TAK TERBATAS	VARIABEL
LINEAR	NOL

14 - Plantas

```
E C M B O D F M B P X S X O D P
Z Q P N O T F T U M U L T Y E O
O X M M O T L O N M B P S P D H
N N G N X D A S G W M I U T A O
K A M E S H R N A H A F T K U N
A X R X N M O U I Q B O K J N B
C J B Z Y U L B V Q B T A T A E
A X H Y U B F E N Z T T K R N Q
N H I V Y E E K S A X Y P N A G
G H Z J Z R Z Y D U V C K Q T B
A X E J V R O P H G A R D H U K
K H W R T Y K E L O P A K B H Y
A U N H B S F P W V Y A O Z H Y
R K J I S A T E G E V N H Q A C
L V W N W W D O I W Z A N L L P
N M S R U M P U T C U J U L S D
```

SEMAK	FLORA
POHON	HUTAN
BERRY	DEDAUNAN
BAMBU	RUMPUT
BOTANI	IVY
KAKTUS	KEBUN
HERBA	LUMUT
KACANG	KELOPAK
PUPUK	AKAR
BUNGA	VEGETASI

15 - Veículos

```
F R O K E T P M U U F D K H R X
Z R J U I Z E U O E N E X A A Q
F E G R B E R Y O T R D R L K Z
S T E T K W A J A S O A O I I E
K P V N E L H L S K Y R T F T C
S O A D N I U R N A V Y K A B Z
I K K P E S A W A T A G A K N Z
B I U U S K D F L Y N L R H Q W
X L I T B A E U U S H U T T L E
A E M Z E T P U B C F D G A I R
E H A E F R E G M S N O X Y B L
H R X H H A S K A T B A N Q O C
W M Z R O K Q J P J Q Z T Z M F
K A P A L S E L A M N Q S O J C
V O W N Y Y Q U F Y M K C B F L
S L V G S H P F Y N V Q C K Y N
```

AMBULANS	HELIKOPTER
PESAWAT	RAKIT
FERI	SKUTER
PERAHU	MOTOR
SEPEDA	BIS
TRUK	BAN
KAFILAH	KAPAL SELAM
MOBIL	TAKSI
ROKET	SHUTTLE
VAN	TRAKTOR

16 - Engenharia

```
M A R G A I D I T B U S C K B I
S O K E K U A T A N Z U U A N T
U B T A I S A L U K L A K D I H
M X E O G D M A K V E G J I U R
B I T H R R E P E S S E J G F T
U S G Y E F S E D T E S R L S H
O U G D N A I N A A I E K G B S
X B J T E F N G L B D K O O Z F
D I M E N S I U A I V A U J B J
A R R T T H Y K M L F N Q W D G
P T G D U B Y U A I Q O Q Q I I
G S Z L X H I R N T J W V L I F
W I Z Q E B D A C A T H L G N D
V D I N H O H N I S L U P O R P
D I A M E T E R U T K U R T S U
K O N S T R U K S I W N F M X D
```

GESEKAN	ENERGI
SUDUT	STABILITAS
KALKULASI	STRUKTUR
KONSTRUKSI	KEKUATAN
DIAGRAM	CAIR
DIAMETER	MESIN
DIESEL	PENGUKURAN
DIMENSI	MOTOR
DISTRIBUSI	KEDALAMAN
SUMBU	PROPULSI

17 - Restaurante # 2

```
A G A R A M W S W X T K H G N R
X I A J L N T U U K Z H E N T N
A C R N A K I P Z H D A L A S A
Y M V A A R O Z C T F P D I X R
A Z J Y C M I E X E B M T S E U
O M H A U B U P N S Z E Z N I Y
X Y Y L I X P N Z T C R I A Z A
W I U E L F R W I Z Y H G K K S
Y B B P E M A L A M N A K A M E
K U R S I J G L W Y A P N M J N
P E M B U K A Q E N L M U Y E D
M B D V W B N E T Z G E R O K O
G J B G O P E C N H A R T X T K
D H D J R A D C U C Q T S I C S
I N T G K X Q A G X Q M N S W Q
Z S Y L K U E F B B Q R W Z Z M
```

MAKAN SIANG	PELAYAN
PEMBUKA	GARPU
AIR	ES
MINUMAN	MAKAN MALAM
KUE	SAYURAN
KURSI	MIE
SENDOK	IKAN
LEZAT	GARAM
REMPAH-REMPAH	SALAD
BUAH	SUP

18 - Países #2

```
O H H E E Z F H A S O Y B L K M
K N I G E R I A L T U N A A F K
R U S I A I W D B U X R K O A L
A R U V P R V P A M W E I S P H
M J N L R L F L N K U D A A C W
N S I I F A F G I L V P M J H S
E F Q V Y N C E A J M R A W I O
D Y F L N D J E P A N G J N U M
U X U A O I N U S S J G V E G A
B K G N N A A K V E H W S P C L
A I R Z A G T J H E S J M A G I
P O R A B N S E B O L Y R L X A
Z T J B I U I M E K S I K O E V
M T H U L N K L W L J H A I T I
U G A N D A A I N D O N E S I A
Z U J X O A P P E R A N C I S A
```

ALBANIA	LIBANON
DENMARK	MEKSIKO
PERANCIS	NEPAL
YUNANI	NIGERIA
HAITI	PAKISTAN
INDONESIA	RUSIA
IRLANDIA	SURIAH
JAMAIKA	SOMALIA
JEPANG	UKRAINA
LAOS	UGANDA

19 - Material de Arte

```
L E M A K G P P E N G H A P U S
P E N S I L C A T U Q L R X Q L
B E F I L T A K I S H Y E W T X
C P N B I I Z N Y H Z W M V U Z
P U G O R N P A S T E L A B G U
Y U P U K T C Q O Q P J K S N N
P A Y Z A A A R G U Q S Z A P W
M K O K O T M T I N F A W T C J
R E I H A A O I P C A T A I R D
H D J M M N B Y N C O R J V Z N
C X R A Y A J F C Y Y E A I V V
H Y U U T H D D W V A K Z T M V
W A R N A L E A S E L K O A M Q
K U R S I I A U A J Q Z A E U P
N H M K L A H Q I O Q I F R A A
L L E X G T D N R A K T S K V W
```

AKRILIK	WARNA
PENGHAPUS	KREATIVITAS
CAT AIR	SIKAT
TANAH LIAT	PENSIL
AIR	MEJA
KURSI	MINYAK
ARANG	KERTAS
EASEL	PASTEL
KAMERA	TINTA
LEM	CAT

20 - Números

```
Z T R S A L E B H U J U T X E M
U W L A M I S E D Z H Y M S M H
Z D I I F M M E G V N M L A P R
S A L E B A U D M C L L O T A G
T Q J H Y B N R W B W S N U T D
H U L U P E S Q P N I A G Q B E
E M J L R L U C Q O B L C M E L
N M E U M A G I T L Y E A V L A
A W R P H S E G D U A B M N A P
M A F A H Q V M G L P N I E S A
M M Q U C Z Z Q P A C A L K Y N
K C P D T G E I R A S P X V U G
R N C F R O W Y C Z T A L M M K
J L N Y W Y L N O N J L J F C V
I R T F J O E N A M B E L A S G
T I G A B E L A S B S D J R I X
```

LIMA	EMPAT BELAS
DESIMAL	EMPAT
SEPULUH	LIMA BELAS
ENAM BELAS	ENAM
TUJUH BELAS	TUJUH
DELAPAN BELAS	TIGA BELAS
DUA	TIGA
DUA BELAS	SATU
SEMBILAN	DUA PULUH
DELAPAN	NOL

21 - Física

```
N F U F D Z I E C C Z R L U K M
U C D A M C T M L Y A T G N E E
V H T Y F S I S J N U Q R I A K
R E L A T I V I T A S M A V K A
S X T B C W L T W T A I V E S N
A T O M G A S E Y A W O I R E I
K S U I K W M N B P L J T S L K
M L S I K E J G U E N V A A E A
K E P A D A T A N C E L S L R Q
H K V F M D O M V E I T I M A P
P A R T I K E L U K E L O M S F
R M N Z B A H A N K I M I A I T
U K E T U P G K E K A C A U A N
M H F S F N U K L I R G G V R I
U P H Q I S N E U K E R F G C Z
S G B Q P N O R T K E L E K J N
```

AKSELERASI
ATOM
KEKACAUAN
KEPADATAN
ELEKTRON
RUMUS
FREKUENSI
GAS
GRAVITASI
MAGNETISME

MASSA
MEKANIKA
MOLEKUL
MESIN
NUKLIR
PARTIKEL
BAHAN KIMIA
RELATIVITAS
UNIVERSAL
KECEPATAN

22 - Especiarias

```
L W O F G P W M Y K M K F C T D
I X P Z W A I G P M G O L P P V
C D A W Y L M A N I S O M J Y V
O A H O I A A K B A K U N Y I T
R D I Y K V S T A L W A A F V J
I A T S E K A C W L W A N Y F U
C S R A T I K K A G T F B I E Q
E H A J U C B A N O S G W T S D
O K Q C M U G P G A J Z T I U E
C Q W U B W N U P I U K L O J E
H O Z V A D A L U G M Z I I I Z
V Z Z N R D H A T I I B U X N U
G A R A M D L G I P R L V M T K
O R Z K P R U A H D A A H D E T
V A N I L A R P A E K E S O N I
Z J K A Y U M A N I S R J A R R
```

KUNYIT	BAWANG
LICORICE	KETUMBAR
BAWANG PUTIH	JINTEN
PAHIT	MANIS
ANISE	ADAS
ASAM	JAHE
VANILA	PALA
KAYU MANIS	LADA
KAPULAGA	RASA
KARI	GARAM

23 - Países #1

```
L A L E U Z E N E V X X K L N B
I S S L C N E I T R U G B D Y R
C R N Q L C E K Z R V G J B Y A
R F A V Y R Q A I S R A E L P Z
D Q M K Z M F R O D A U K E A I
Q R R E U T T A C V Y N T E N L
F H E V S A F G J M V V Y F A A
I I J G D I O U Q H I L E F M G
I W N A Q C R A M A R O K O A E
T F Z L D F G Q S K F Y V F I N
A K T A A J O B M A K N Y O D E
L G U Z H N R A Y N M A T F N S
I I N D I A D N I A A P U K A N
A L S G F W M I Q D L S L B L O
C U X Q L Z H Q A A I Y G A O T
N O R W E G I A T G E C W L P I
```

JERMAN
BRAZIL
KAMBOJA
KANADA
MESIR
EKUADOR
SPANYOL
FINLANDIA
IRAK
ISRAEL

ITALIA
INDIA
MALI
MAROKO
NIKARAGUA
NORWEGIA
PANAMA
POLANDIA
SENEGAL
VENEZUELA

24 - A Mídia

```
H  J  V  J  L  G  O  P  Z  J  Z  X  W  P  K  U
P  B  Z  W  O  I  D  A  R  J  I  R  X  E  O  T
I  E  X  N  K  J  A  R  I  N  G  A  N  N  M  X
B  N  N  F  A  T  E  L  E  V  I  S  I  D  E  I
W  Q  D  D  L  J  D  I  G  I  T  A  L  A  R  N
B  W  D  I  A  V  S  M  F  B  O  Q  F  P  S  D
F  J  U  C  V  N  M  G  S  J  N  F  N  A  I  U
M  A  E  O  H  I  A  V  S  Q  L  Y  N  T  A  S
C  Q  W  T  O  N  D  A  C  T  N  O  V  K  L  T
Z  M  U  M  G  T  F  U  N  V  R  G  U  O  Y  R
K  O  M  U  N  I  K  A  S  I  S  S  H  R  D  I
F  T  F  M  R  L  E  J  P  G  N  I  R  A  D  Z
M  O  A  U  D  P  D  C  H  N  V  H  K  N  Y  C
M  F  K  N  U  T  I  C  V  V  C  K  J  A  O  V
E  Z  T  E  O  C  S  C  A  W  U  B  A  X  P  W
W  N  A  K  I  D  I  D  N  E  P  Q  P  O  F  J
```

SIKAP	INDUSTRI
KOMERSIAL	KORAN
KOMUNIKASI	LOKAL
DIGITAL	DARING
EDISI	PENDAPAT
PENDIDIKAN	UMUM
FAKTA	RADIO
PENDANAAN	JARINGAN
FOTO	TELEVISI
INDIVIDU	

25 - Casa

```
J D R B T J J L O T E N G U N A
D L Y O D G X E J I P I A R Q N
I A H T U A Q B A G Z M T R D A
N U B E K R N E M N J R D M E A
D S A P U A T M W A K E Z Q L K
I X P W I S L F A L G C U P U A
N X Q X M I Z E U T N I P C J T
G J M E L C K R Y I A C J H Q S
P Q F N Z Q T L O G I N X Q S U
X A G J J O I P U N P U W A M P
R Z G R C E R N M A A K J H H R
T V W A U J A O A L R H G D H E
I A U K R P I R N M E P J W Q P
J E N D E L A V D J P F W Q J P
K A R P E T R D I I E W E E K T
K A M A R T I D U R D Z P R H D
```

PERPUSTAKAAN
PAGAR
KUNCI
MANDI
TIRAI
DAPUR
CERMIN
GARASI
JENDELA
KEBUN

PERAPIAN
MEBEL
DINDING
PINTU
KAMAR TIDUR
LOTENG
KARPET
LANGIT-LANGIT
KERAN
SAPU

26 - Vegetais

```
A Y L O K G N A B M E K I K P F
H S Y N A E K O H C I T R A E O
E A B W B G N A C A K L D P T I
F J B J O R V T T U S E E G E C
T Y K J L U O D A L A S L E R P
N O F A U M W K M N U U E T S U
H S I H M A S T O Y G G S X E P
T H X E U J S E T L H U P G L I
T E R O N G A M P I I H Y V I T
G B T E X D L E T R O W Q R Q C
M G L Y O G N A W A B P L G I J
I M A M L E H W B Z V U M L P B
Z X S A O C X F N U M I T N E M
B A Y A M B A W A N G P U T I H
B A W A N G M E R A H P A X R V
B X E C L H Q I J Y O J C K L Z
```

LABU	JAMUR
SELEDRI	KEMBANG KOL
ARTICHOKE	KACANG
BAWANG PUTIH	BAYAM
KENTANG	JAHE
TERONG	LOBAK
BROKOLI	MENTIMUN
BAWANG	SALAD
WORTEL	PETERSELI
BAWANG MERAH	TOMAT

27 - Balé

```
S  O  K  S  G  P  I  F  A  R  G  O  E  R  O  K
B  R  O  I  L  E  R  K  X  N  E  N  S  Y  U  T
D  K  M  K  Q  D  A  A  E  R  Z  Z  N  O  E
I  E  P  A  Y  N  N  K  A  A  R  V  I  B  P
R  S  O  P  A  H  E  A  D  T  H  P  U  R  I  U
A  T  S  I  M  G  P  H  R  G  E  L  R  I  A  K
M  R  E  U  T  E  U  I  P  T  G  K  I  D  E  T
A  A  R  W  I  E  D  T  P  N  I  Z  U  A  D  A
N  U  G  G  N  A  U  A  O  L  O  S  D  H  N  N
I  G  T  J  M  D  Q  L  F  U  A  H  T  F  E  G
R  U  J  R  U  T  E  K  N  I  K  A  Z  I  S  A
E  L  M  C  S  A  T  I  S  N  E  T  N  I  K  N
L  K  U  A  I  G  A  Y  A  C  E  U  Z  J  X  Y
A  B  C  L  K  E  K  S  P  R  E  S  I  F  B  X
B  G  R  F  I  O  X  M  Z  F  E  J  W  N  P  B
B  W  B  P  Y  Z  K  C  G  N  W  K  K  Z  V  S
```

TEPUK TANGAN	ANGGUN
ARTISTIK	KEAHLIAN
BALERINA	INTENSITAS
KOMPOSER	MUSIK
KOREOGRAFI	ORKESTRA
PENARI	PRAKTEK
LATIHAN	HADIRIN
GAYA	IRAMA
EKSPRESIF	SOLO
SIKAP	TEKNIK

28 - Adjetivos #1

```
M  S  G  I  L  F  S  I  C  U  Y  Y  I  Z  S  V
E  A  P  S  O  K  J  G  E  W  L  T  A  R  E  B
N  R  J  U  J  U  R  V  Z  D  Y  Z  C  A  M  I
A  O  K  I  T  S  I  T  R  A  G  C  O  S  P  L
R  M  A  S  Y  V  F  B  D  T  K  B  O  E  U  B
I  A  L  I  T  I  P  I  S  E  I  S  D  B  R  S
K  T  I  B  V  R  A  W  H  U  R  B  C  P  N  Y
D  I  G  M  D  T  V  U  T  R  O  M  N  I  A  A
J  K  E  A  U  N  W  I  I  L  J  L  A  L  X  B
G  I  X  W  S  T  D  K  E  A  M  Q  G  W  F  S
N  R  E  D  O  M  L  H  L  M  G  A  I  B  A  H
I  D  E  N  T  I  K  A  G  B  K  A  O  T  D  N
T  X  I  X  B  B  F  E  K  A  G  O  H  V  D  Y
N  E  K  S  O  T  I  S  O  T  I  C  N  S  G  P
E  K  S  U  Z  C  F  S  E  R  I  U  S  C  J  O
P  A  L  E  G  B  E  R  H  A  R  G  A  E  H  W
```

MUTLAK	JUJUR
AMBISIUS	IDENTIK
AROMATIK	PENTING
ARTISTIK	LAMBAT
MENARIK	GAIB
BESAR	MODERN
GELAP	SEMPURNA
EKSOTIS	BERAT
TIPIS	SERIUS
DERMAWAN	BERHARGA

29 - Psicologia

```
U A P F K A P T U Q D J E K T R
O G E U N E I E J D W A M L W E
C R N F E P P H R J V N O I D A
S R I L S H E R W S A J S N N L
E N L M H V C N I K E I I A I
N B A R T K R O G B N P O S M T
S G I L U G I K B A A F S Y A A
A K A D N Z K D A Y R D B I L S
S O N G G M Q K W C K U I P A R
I N P U Y N O N A L X K H A G W
I F E E Y K Z J H D P A A R N J
E L M N V S F Q S F L L L E E V
Z I P R N V M Z A M L I A T P X
E K S M I M P I D G D R S Q E N
P I K I R A N F A P U E A Z T O
K O G N I S I F R H S P M Q E U
```

PENILAIAN   PENGARUH
KLINIS   PIKIRAN
KOGNISI   PERSEPSI
PERILAKU   KEPRIBADIAN
JANJI   MASALAH
KONFLIK   REALITAS
EGO   SENSASI
EMOSI   MIMPI
PENGALAMAN   TERAPI
BAWAH SADAR

30 - Paisagens

```
H  M  I  B  J  D  Q  S  O  I  S  L  H  S  I  C
F  Y  J  A  U  L  M  U  U  A  L  U  P  E  Y  M
M  U  A  R  A  K  C  Z  G  N  W  S  M  M  H  X
L  A  U  T  N  F  I  Z  U  I  G  S  J  E  I  V
L  E  M  B  A  H  A  T  N  T  I  A  T  N  A  P
Q  R  T  X  D  T  X  E  U  B  Q  U  I  A  O  A
R  A  W  A  M  K  T  Z  N  Z  X  G  C  N  O  I
V  T  N  K  P  H  U  H  G  H  I  V  R  J  A  R
W  R  W  O  U  L  N  L  R  Q  O  Y  S  U  S  T
R  D  S  M  N  P  D  C  E  B  N  V  E  N  I  E
Q  Z  D  K  G  Z  R  E  S  T  E  L  G  G  S  R
T  F  E  M  Y  X  A  Z  U  T  Q  H  N  S  I  J
U  P  D  C  E  L  C  V  Z  X  M  G  U  K  O  U
A  B  T  G  U  R  U  N  H  Y  P  Z  N  B  Z  N
R  E  X  R  I  P  A  R  E  B  G  N  U  N  U  G
K  U  S  G  L  A  G  O  D  K  B  G  G  N  I  H
```

AIR TERJUN	LAUT
GUA	GUNUNG
BUKIT	OASIS
GURUN	RAWA
MUARA	SEMENANJUNG
GLETSER	PANTAI
TELUK	SUNGAI
GUNUNG ES	TUNDRA
PULAU	LEMBAH
DANAU	GUNUNG BERAPI

31 - Dança

```
H  T  P  K  R  R  S  E  W  Z  C  F  Q  K  Z  M
L  R  J  U  A  X  G  B  K  I  S  U  M  F  U  E
Z  A  Z  L  H  H  J  X  L  S  Z  K  E  W  K  L
B  D  S  T  M  G  V  W  Z  Z  P  W  X  M  V  O
U  I  R  U  A  S  I  K  A  P  C  R  V  U  Z  M
D  S  I  R  T  B  J  M  C  B  V  I  E  M  Q  P
A  I  N  A  H  I  T  A  L  K  D  M  Q  S  T  A
Y  O  P  L  G  Y  E  D  P  I  N  E  S  P  I  T
A  N  L  O  H  E  U  Z  O  S  R  D  V  J  B  F
E  A  E  P  J  E  R  E  Q  A  S  A  J  S  J  V
H  L  J  A  I  M  C  A  K  L  Y  K  M  F  B  V
Y  M  I  W  J  O  D  I  K  K  B  A  M  A  Z  Z
T  U  B  U  H  S  T  O  X  A  O  Y  I  H  P  R
V  I  M  S  P  I  I  F  I  O  N  J  T  P  F  W
R  Q  N  U  I  I  F  A  R  G  O  E  R  O  K  V
V  I  S  U  A  L  U  Q  K  K  X  E  A  O  T  D
```

AKADEMI	RAHMAT
SENI	GERAKAN
KLASIK	MUSIK
KOREOGRAFI	MITRA
TUBUH	SIKAP
BUDAYA	IRAMA
KULTURAL	MELOMPAT
EMOSI	TRADISIONAL
LATIHAN	VISUAL
EKSPRESIF	

32 - Nutrição

```
J  G  H  N  A  K  A  M  I  D  A  S  I  B  M  N
K  A  Q  B  U  O  E  Z  S  M  N  H  S  E  B  I
M  A  J  T  O  P  W  S  A  T  I  L  A  U  K  M
T  M  R  K  I  M  K  T  E  I  D  R  O  C  Q  A
T  H  X  B  I  S  W  A  J  H  V  L  C  X  B  T
I  G  C  D  O  H  E  R  B  A  A  N  G  I  Z  I
P  L  B  S  J  H  J  E  X  P  X  T  N  Z  C  V
C  R  B  C  K  X  I  B  P  C  A  S  A  S  A  R
M  P  O  G  X  Q  T  D  K  W  B  V  B  N  I  H
W  E  E  T  K  S  D  M  R  B  E  R  M  U  R  C
Q  F  W  I  E  A  Q  B  Z  A  V  C  I  H  A  P
S  E  H  A  T  I  I  V  N  O  T  S  E  E  N  I
K  A  L  O  R  I  N  A  K  A  M  U  S  F  A  N
U  X  Y  P  F  E  R  M  E  N  T  A  S  I  W  Y
I  V  D  R  A  C  U  N  T  K  L  S  B  O  F  T
E  M  A  P  E  N  C  E  R  N  A  A  N  X  A  X
```

PAHIT	SAUS
NAFSU MAKAN	GIZI
KALORI	BERAT
KARBOHIDRAT	PROTEIN
BISA DIMAKAN	KUALITAS
DIET	RASA
PENCERNAAN	SEHAT
SEIMBANG	KESEHATAN
FERMENTASI	RACUN
CAIRAN	VITAMIN

33 - Energia

```
M D W B H I D R O G E N B T B F
S N B A A D M Q R G G U A I E O
H E S F V T W L R L G P H V N T
P O L U S I E O Y E Z O A K S O
M O C Z A E I R T S U D N I I N
P A E Q N X N X A E Z M B R N A
O X T M A B I T E I I O A T O K
P U E A P P G G R D T T K S B U
W Z Y N H S N E L O D O A I R R
S Y V K J A A S C U P R R L A A
N U K L I R R K V S H I R G K B
X V H I K M A I T U R B I N U R
P R N H E L E K T R O N Y R X E
Q S R P T U Q Y S A S W F J C T
I Z H J Z H O T G G D U R L L D
L I N G K U N G A N G O U T X F
```

LINGKUNGAN	BENSIN
BATERAI	HIDROGEN
PANAS	INDUSTRI
KARBON	MOTOR
BAHAN BAKAR	NUKLIR
DIESEL	POLUSI
LISTRIK	TERBARUKAN
ELEKTRON	MATAHARI
ENTROPI	TURBIN
FOTON	ANGIN

34 - Disciplinas Científicas

```
W  E  D  C  A  L  N  I  M  O  N  O  R  T  S  A
F  Z  H  B  R  O  E  J  E  K  H  H  I  K  R  M
F  N  J  I  K  W  U  B  T  Q  I  W  C  M  L  Y
A  N  D  O  E  D  R  E  G  Q  M  K  O  I  A
K  A  L  L  O  C  O  W  O  S  T  U  I  V  N  I
I  J  H  O  L  U  L  X  R  U  U  S  S  A  G  M
M  M  T  G  O  X  O  O  O  A  Q  X  B  H  U  I
A  X  U  I  G  I  G  O  L  O  I  S  E  N  I  K
N  D  P  N  I  W  I  G  O  L  O  I  S  O  S  O
I  N  A  T  O  B  O  W  G  I  L  U  G  A  T  I
D  Z  I  G  O  L  O  K  I  S  P  A  Z  I  I  B
O  G  M  G  G  C  O  A  N  A  T  O  M  I  K  H
M  P  C  Z  L  H  Z  G  E  K  O  L  O  G  I  E
R  Z  O  O  L  O  G  I  I  G  O  L  O  E  G  V
E  A  Y  K  T  F  I  S  I  O  L  O  G  I  H  Q
T  M  I  N  E  R  A  L  O  G  I  N  O  F  G  H
```

ANATOMI	IMUNOLOGI
ARKEOLOGI	LINGUISTIK
ASTRONOMI	METEOROLOGI
BIOLOGI	MINERALOGI
BIOKIMIA	NEUROLOGI
BOTANI	PSIKOLOGI
KINESIOLOGI	KIMIA
EKOLOGI	SOSIOLOGI
FISIOLOGI	TERMODINAMIKA
GEOLOGI	ZOOLOGI

35 - Meditação

```
K  E  B  I  A  S  A  A  N  Z  P  U  P  Z  O  P
P  A  K  I  S  G  R  Q  R  A  Y  L  E  J  B  E
I  E  Z  P  Z  X  R  Q  W  F  G  T  R  K  S  R
K  I  S  U  M  C  I  Y  O  W  E  A  H  E  E  S
I  K  E  J  E  L  A  S  A  N  R  J  A  M  R  P
R  G  V  J  H  N  D  L  D  F  A  A  T  O  V  E
A  N  A  I  Y  N  U  S  E  K  K  R  I  S  A  K
N  A  I  A  M  A  D  R  E  P  A  A  A  I  S  T
D  Y  L  A  H  A  X  H  M  S  N  N  N  F  I  I
N  A  H  B  L  X  Y  L  E  S  Y  B  J  Y  Y  F
K  S  L  A  F  A  C  N  N  H  B  U  O  K  P  R
S  H  P  N  H  Z  M  Q  T  H  Q  M  K  D  W  Q
T  I  G  G  L  U  I  A  A  K  L  H  A  U  Z  B
Y  S  X  U  V  E  J  A  L  T  M  W  M  S  R  V
P  A  N  N  P  E  N  E  R  I  M  A  A  N  A  O
U  K  K  E  B  A  I  K  A  N  U  C  X  W  T  U
```

PENERIMAAN	MENTAL
BANGUN	PIKIRAN
PERHATIAN	GERAKAN
KEBAIKAN	MUSIK
KEJELASAN	ALAM
KASIH SAYANG	OBSERVASI
EMOSI	PERDAMAIAN
AJARAN	PERSPEKTIF
SYUKUR	SIKAP
KEBIASAAN	KESUNYIAN

36 - Artes Visuais

```
A R T I S H Q K G O L K M Z V F
N D I E A W U T N R I P A Y Q I
A R S I T E K T U R L E R P T L
T P G F F R C T T N I N S M U M
E A E R T W C H A Q N A Q I X R
R L N N X F E P H A E R P F J
T L W A Y I S I S I S O P M O K
O S C Y H A Q C U S I N R E P I
P A R R V L N G X T K N K B E M
O R C A H I I G P Y U M I I N A
F A C K T A O A G Z L H F U S R
U N S A T I V I T A E R K X I E
F G K H P E R S P E K T I F L K
G A F A B R R Q X U K B D F T K
N P K M F O T O Y K T B L V B F
G Z M J O T D F D H E Z N Z S I
```

TANAH LIAT	PATUNG
ARSITEKTUR	FILM
ARTIS	FOTO
PENA	KAPUR
ARANG	PENSIL
PENYANGGA	MAHAKARYA
LILIN	PERSPEKTIF
KERAMIK	LUKISAN
KOMPOSISI	POTRET
KREATIVITAS	PERNIS

37 - Moda

```
M A H A L Y V P J B E Q T B A K
Y R A E T O M B O L K B J W S A
M V X D W K K A V X S C U C L I
S O W C X P G X X F P K X J I N
E E D L L D I J S P Q U G D W E
D S O E I P P U N A I A K A P S
E F U R R M Q S A I L K B J V Y
R Q D L G N A R U K U G N E P H
H N P N A G N U R E D N E C E K
A P Y F D M G A Y A N A A C M I
N R G K N E A D H Y Y J L N O T
A Y M A E I L N O E A R Y A D U
H Z O U R W K E K T M E Z A A B
P R A K T I S O G J A T L C X E
T E K S T U R Y Q A N C A O D Y
K I U N S I L A M I N I M J U D
```

TERJANGKAU	MODERN
SULAMAN	SEDERHANA
TOMBOL	ASLI
BUTIK	PRAKTIS
MAHAL	RENDA
NYAMAN	PAKAIAN
ELEGAN	KAIN
GAYA	KECENDERUNGAN
PENGUKURAN	TEKSTUR
MINIMALIS	

38 - Instrumentos Musicais

```
H  P  H  B  I  T  R  O  M  B  O  N  E  P  K  S
A  F  A  V  R  V  A  B  M  I  R  A  M  Z  L  E
R  O  R  C  Z  P  T  E  P  M  O  R  E  T  A  R
M  U  P  J  H  O  I  L  V  N  J  R  A  Z  R  U
O  P  A  L  H  Y  G  A  P  P  N  E  D  J  I  L
N  Q  E  B  I  O  L  A  N  E  A  B  P  Q  N  I
I  P  E  R  J  J  I  G  I  O  B  A  Z  N  E  N
K  J  P  O  K  I  L  W  L  L  R  N  W  A  T  G
A  G  P  O  Q  U  A  B  O  E  W  A  R  H  A  N
M  X  S  P  E  M  S  E  D  S  I  X  T  H  C  N
A  J  R  Q  R  I  E  I  N  O  F  O  S  K  A  S
G  O  N  G  D  Q  R  B  A  I  U  X  O  B  O  P
W  H  A  J  G  E  K  B  M  T  G  D  F  G  E  N
B  A  S  S  O  O  N  Q  W  Z  K  R  N  Q  J  T
Q  A  R  B  J  P  R  L  V  Y  M  U  I  C  P  K
T  D  Q  Q  Q  N  J  Z  O  X  R  M  A  U  Z  T
```

MANDOLIN	REBANA
BANJO	PERKUSI
KLARINET	PIANO
BASSOON	SAKSOFON
SERULING	DRUM
HARMONIKA	TROMBON
GONG	TEROMPET
HARPA	GITAR
MARIMBA	BIOLA
OBO	SELO

39 - Adjetivos #2

```
P I R A A B J Z X C J L M B S A
R R J T S M E A A C D M E N H F
B A O B L J Z R I T J U N S E I
E I U D I M V L B B S L A B E T
Z L Y D U R A B A A M K R Y H P
T M B U R K W C S X K Z I Y E I
X M V T E I T Q I A B A K A Q R
K R E A T I F I N Z T N T E A K
K T E R N R O N F S E H A T D S
F U D J W I M R S A G G N A B E
R N A G E L E U G N I R E K Y D
R O L T M K L M A A B I A S A G
O P K C H I J E L P C A D V J M
R Q S G E C W L A N E K R E T S
Z F N B T P N L M V X G K O A E
R C U P K L I E I A X J X Z E D
```

ASLI	BIASA
KREATIF	BARU
DESKRIPTIF	BANGGA
BERBAKAT	PRODUKTIF
ELEGAN	MURNI
TERKENAL	PANAS
KUAT	ASIN
TEBAL	SEHAT
MENARIK	KERING
ALAMI	LIAR

40 - Roupas

```
K M N Y X H Y Z G F S N A E J T
K A U S K A K I I E A A M M H I
O E A G L S W P Q Z N G C O X S
R S G E Q Y E O A P D N E K D L
E P R L M A N T E L A A L C V E
T J H A S V W O Z R L T E W S I
E X L N C E U V N E X G M Y Y K
W K U G K Z P N O T H N E G Y Q
S A E H Z R M A I V M U K T X T
X I V E A I L C T P L R G B T E
A I I N M A G G N U L A K A C Y
M C E L A N A B L U S S A J H Z
Q N W V Y J A S Y L J X T U R K
H V P Q I Q V R M U N V Z P I Z
I K A T P I N G G A N G I W Y V
Y X R G R Z Z T R X W T N J K J
```

CELEMEK	SARUNG TANGAN
BLUS	KAUS KAKI
CELANA	MODE
BAJU	PIYAMA
MANTEL	GELANG
TOPI	ROK
IKAT PINGGANG	SANDAL
KALUNG	SEPATU
JAS	SWETER
JEANS	GAUN

41 - Herbalismo

```
K E B U N B K I T A M O R A R F
I T R K A T U U K E T U M B A R U
U A J I H Y M N A T I M I N V D
T A R R A G O N G L R A S A K B
R F B Y B K P V W A I U Y W K W
O N T A N A M A N Y A T L R U C
S A D A R L O I D F S D A B N L
E M M S P E T E R S E L I S Y A
M R W A O W M P U U C X Y D I V
A E A U R P A G A U Z M R G T E
R B U U Z J K E M A N G I L G N
Y O V D P Q O R T C I F J B P D
C O L L N E T R G T R F U T M E
O H I T U P G N A W A B R V P R
R L S D K I R Q B M R K W F R A
R A O O W S N U X H F V F Y V N
```

KUNYIT   KEBUN
ROSEMARY   LAVENDER
BAWANG PUTIH   KEMANGI
AROMATIK   MARJORAM
BERMANFAAT   TANAMAN
KETUMBAR   KUALITAS
TARRAGON   RASA
BUNGA   PETERSELI
ADAS   TIMI
BAHAN   HIJAU

42 - Arqueologia

```
P E Q Z T U L A N G W I C T Y X
R J V G U L U H A D N A M A J V
O Z U A K E L L M I R E T S I M
F P S Z L E W W A K B Z T I M N
E I E B C U U Y Z E U F A J X Z
S T K B W Y A W I T A J E I R L
O I A G S D N S Q A H S A W P P
R L D L C F W U I H L U K U B R
K E T U R U N A N U I F O S I L
R N W H Z M X J Z I N T H W O J
D E K U I L P E R A D A B A N T
G P L Q C O Z Z M A K A M R K A
E O L I S B B A N A L I S I S H
S S Q D K T W J I B J U T K Q U
F S B C L X W O E Y J H N M Z N
K G E D T K G N A K A P U L I D
```

ANALISIS	DILUPAKAN
TAHUN	FOSIL
JAMAN DAHULU	PENELITI
EVALUASI	MISTERI
PERADABAN	OBJEK
KETURUNAN	TULANG
DIKETAHUI	PROFESOR
TIM	RELIK
ZAMAN	KUIL
AHLI	MAKAM

43 - Agronomia

```
T A N A M A N P O I R X Y O K A
S I S T E M R O U R O H U Q B K
P S V F U P D T F P G M Y U E L
E U T B G H E I Q H U A X G N E
N L G Z I I G R E N E K N J I K
Y O O L H J E C T D W W B I H S
A P N E S E H E H U P D M F K A
K S A E K O L O G I M L N P Y Y
I I I S K U D O R P L B S J L U
T N N U K Y P K I L P V U G S R
U H A N A T H J A T L F E H S A
M P T Q Z K Q Y Y Y T M R M A N
L F R P U H G C V D V H O M N N
I D E N T I F I K A S I S X A F
W R P B N A G N U K G N I L I C
P E D E S A A N H T W P C F U G
```

PERTANIAN
LINGKUNGAN
AIR
ILMU
PERTUMBUHAN
PENYAKIT
EKOLOGI
ENERGI
EROSI
PUPUK

IDENTIFIKASI
SAYURAN
ORGANIK
TANAMAN
POLUSI
PRODUKSI
PEDESAAN
BENIH
SISTEM
TANAH

44 - Frutas

```
L H P E P A Y A H Z B N Q P Q X
Y E M X N R A P A L E K T I J C
D A M F F A P P X C R E O R L A
N F G O D Q I M E K R Z K I W I
R U G G N A S T N L Y R I S P D
H L Z H Y M A B I Y R J R K F P
M A N G G A N Y R A R E P L H M
U A P X Y T G Y A L E R A H C K
X T N E R X F O T P B U R W D P
W A A G R A W P C U K K G V I V
M A N T E S K M E K C H Z V K J
T R A C B N I U N A A Y B D U Z
N V S Y P X W K L T L C C L F B
W F E X S K D K F K B X P Y P S
G O A E A T Z B U P Y I V T I H
N J R N R Q S Z Z C E R I G B Q
```

ALPUKAT
NANAS
BLACKBERRY
BERRY
PISANG
CERI
KELAPA
APRIKOT
ARA
RASPBERRY

KIWI
JERUK
LEMON
APEL
PEPAYA
MANGGA
NECTARINE
PIR
PERSIK
ANGGUR

45 - Corpo Humano

```
M K K D L D J A G L N G W Q J Q
B U Z A H F Y V I A N Z J N V I
R L X R G N X E P C R M U L U T
A I K A V R D Z P I Z C H Z C A
H T E H S I K U X S K M A H H H
A S P L I B B M L C L D B N I I
N D A N E I M A G R H C E N D Q
G D L A N B F N D D S I Y M U P
W U A G N I L E T A P V L Y N D
K G A N U C J X E S H M N X G Z
M A T A Y J U Z Y C K I C L Y Z
D D T T Q Z A J A K A J Z E Q T
T P B O U H L S D X K A E H V G
L U T U T A W E P P I R F E J K
T W Y K A T Y C X Q N I G R P C
D R C W X I H N M G U E Q D U S
```

MULUT	HIDUNG
KEPALA	MATA
OTAK	BAHU
HATI	TELINGA
SIKU	KULIT
JARI	KAKI
LUTUT	LEHER
BIBIR	DAGU
RAHANG	DARAH
TANGAN	DAHI

46 - Caminhada

```
B M I L K I U W E C M A A B L B
B A T E P L E L A H Q O F C Q E
Q L H I M A I B H P F N C X P R
O A T A U J R I S A H O T M N A
P U A N Y C A M P I N G V M O T
C B M A S A H V N T C R T X R F
A C A U C N A P A I S R E P I Z
A M N D V K T L X M F M Q V E E
F F G N A T A N I B T J D L N O
Q G N A N T M V B A V K H S T R
I G V P J C U E W A R I A S A G
K D W P K T T O B U T A P E S R
R M U N Z P A M G L V U A D I W
T E B I N G L J Z Y O M S E R K
Q E N W J E A A K L U P U I P T
G U N U N G I S D W M W P R G N
```

CAMPING
BINATANG
AIR
SEPATU BOT
LELAH
IKLIM
PANDUAN
PETA
GUNUNG
ALAM

ORIENTASI
TAMAN
BATU
TEBING
BAHAYA
BERAT
PERSIAPAN
LIAR
MATAHARI
CUACA

47 - Biologia

```
A  U  L  I  T  P  E  R  C  Y  C  O  V  F  S  S
F  B  H  H  D  U  N  I  E  T  O  R  P  O  I  I
S  M  N  I  X  T  Z  Z  F  I  Z  P  A  T  M  N
N  E  U  R  O  N  I  S  U  L  O  V  E  O  B  A
K  X  G  R  F  I  M  I  J  D  H  Y  T  S  I  P
W  Z  F  K  R  O  M  O  S  O  M  I  M  I  O  S
F  U  R  Q  O  I  F  A  R  A  S  I  A  N  S  B
R  W  V  N  V  R  L  J  L  T  B  D  M  T  I  A
Z  Q  Y  V  Z  B  O  C  D  A  J  T  A  E  S  K
X  X  G  S  R  M  N  S  M  Q  S  T  L  S  I  T
L  D  B  W  B  E  K  C  I  T  E  J  I  I  E  E
A  O  K  X  M  X  X  J  S  S  L  N  A  S  Q  R
H  O  R  M  O  N  E  G  A  L  O  K  P  H  E  I
A  N  A  T  O  M  I  L  T  I  J  M  J  Q  W  Y
G  U  A  E  S  W  N  W  U  U  F  R  S  V  P  K
T  C  W  E  W  J  G  O  M  U  I  Z  K  O  G  W
```

ANATOMI	MAMALIA
BAKTERI	MUTASI
SEL	ALAMI
KOLAGEN	SARAF
KROMOSOM	NEURON
EMBRIO	OSMOSIS
ENZIM	PROTEIN
EVOLUSI	REPTIL
FOTOSINTESIS	SIMBIOSIS
HORMON	SINAPS

48 - Beleza

```
X Z X S L E T Z S V J W U K K K
J H P B I L S B Q W E A R B O E
G Y E M P E I U H Z A F G E S A
N O N E S G L K T X I N V J M N
I I H M T A Y E A Z W E G R E G
T F M P I N T H S L O U T I T G
N O I R K S S D A N D A N K I U
U T A O E A U V J W A R N A K N
G O N D F C H V G S R R T R A A
P G D U F T B N E A A G G Y Y N
E E O K K O Q A Z M H X D V N H
S N M A S K A R A P M C C F I P
O I G R Z O E W R O A D X F M G
N K B O B S C H O Z T S M Q D C
A N W L M C Y Y C I N L K U F X
J K U L I T N D T A J E K E L Q
```

LIPSTIK
IKAL
PESONA
WARNA
KOSMETIK
ELEGAN
KEANGGUNAN
CERMIN
STYLIST
FOTOGENIK

WANGI
RAHMAT
DANDAN
MINYAK
KULIT
PRODUK
MASKARA
JASA
GUNTING
SAMPO

49 - Filantropia

```
M E M B U T U H K A N O Q H G N
N T G R C K A T N O K T X K Y N
T C N L P O E B R N M J I F G E
Z Q U A M P M A O A L L C I K V
M E N Y U M B A N G K A N S B A
C K W U I O L N A N F B A N A K
K Z M M A L H A G A V O I S I M
R E N U W E S D N T L L F A X F
M J J M Q K O B A N P G N T N U
T J C U M N Q M U A M E K I Z M
Z K I P J A L I E T T J M N G Z
K R N S J U C J K N A U J U T M
P N O M I F R O O N Y Z B M D K
N A A I S U N A M E K U I O D A
P R O G R A M G N S A H V K V Q
T E Y A M A L Q H A R A J E S Y
```

AMAL
KOMUNITAS
KONTAK
ANAK
TANTANGAN
MENYUMBANGKAN
KEUANGAN
DANA
GLOBAL
KELOMPOK

SEJARAH
KEJUJURAN
KEMANUSIAAN
PEMUDA
MISI
MEMBUTUHKAN
TUJUAN
RAKYAT
PROGRAM
UMUM

50 - Ecologia

```
Q E E B V A N S T B K Q D M O S
O R R Q R Y L H O Q U N R N U U
S U Y Q G D E A R G L O B A L M
J D D S R A W A M A L A J T K B
T A N A M A N G S I S V B U J E
G U N U N G G Z T S M S K J E R
L M V E G E T A S I S J Y N N D
K E K E R I N G A N S F Z A I A
F X J O K O M U N I T A S L S Y
V L I B X D M C U U U H F E X A
Z A O S J F G Y A K A Z T K G B
F P R R V V C X F K L H J R F K
W E T I A H A B I T A T H E B J
J D U H A R E L A W A N R B T W
K L Z G G S I K L I M H X W T S
G S Z F A C I P E R B E D A A N
```

IKLIM

KOMUNITAS

PERBEDAAN

JENIS

FAUNA

FLORA

GLOBAL

HABITAT

LAUT

GUNUNG

ALAMI

ALAM

RAWA

TANAMAN

SUMBER DAYA

KEKERINGAN

BERKELANJUTAN

VARIASI

VEGETASI

RELAWAN

51 - Férias #2

```
T  L  P  Y  O  B  S  O  X  N  C  O  B  R  Z  J
U  R  U  A  L  U  P  B  H  H  H  B  K  E  D  Y
A  R  A  G  S  O  K  Z  Y  Z  W  L  Y  O  H  Z
L  E  D  N  X  P  G  X  V  F  Y  E  T  N  I  Y
O  S  N  U  S  F  O  I  R  I  A  T  N  A  P  R
R  T  E  N  D  P  P  R  F  O  T  O  A  N  N  E
A  O  T  U  I  T  O  Y  L  X  E  H  R  A  X  K
N  R  L  G  Z  X  I  R  A  R  P  E  U  L  W  R
G  A  S  I  V  V  S  R  T  E  A  W  B  A  F  E
A  N  B  A  N  D  A  R  A  A  Z  T  I  J  U  A
S  T  E  W  Y  E  V  Q  H  I  S  F  L  R  C  S
I  U  S  E  R  L  R  Y  X  K  L  I  Z  E  P  I
N  J  H  A  V  S  E  N  S  X  N  M  S  P  T  U
G  U  I  B  C  B  S  H  W  D  B  K  A  K  H  C
Z  A  M  X  E  R  E  H  E  Q  S  Q  E  R  A  B
M  N  L  E  S  X  R  M  D  U  H  T  W  S  I  T
```

BANDARA	GUNUNG
TUJUAN	PASPOR
ORANG ASING	PANTAI
LIBURAN	RESERVASI
FOTO	RESTORAN
HOTEL	TAKSI
PULAU	TENDA
REKREASI	TRANSPORTASI
PETA	PERJALANAN
LAUT	VISA

52 - Edifícios

```
U N I V E R S I T A S P K A G L
B M K L L S X Q P W T C I X O A
T N T E K U S Y O Q O X R S R B
L E T O H A L O K E S Z B Q V O
S M A X W X L A S G U D A N G R
T E T T M Y I Z O M N Z P N K A
A T E B E U T J I S A R A G E T
D R N I E R S A B P I M P S D O
I A D P V V A E P F N E O P U R
O P A J J K K H U B A N T B T I
N A W O K A K W K M T A G S A U
R U M A H S A K I T R R E M A M
K R T T N Q G L A I E A U Z N D
M I L J P F H S M X P U G N X M
O B S E R V A T O R I U M G V Q
S U P E R M A R K E T X F A H C
```

APARTEMEN	RUMAH SAKIT
KASTIL	HOTEL
GUDANG	LABORATORIUM
BIOSKOP	MUSEUM
KEDUTAAN	OBSERVATORIUM
SEKOLAH	SUPERMARKET
STADION	TEATER
PERTANIAN	TENDA
PABRIK	MENARA
GARASI	UNIVERSITAS

53 - Aventura

```
R N C E P P C J S U R E Y D W S
J N T G T L E L Z D W V U I Y T
U R A B N A V I G A S I A P T U
D A N A N A M A E K S Y K T L J
Z I T Y R A S A I B K A D I T U
B S A A K I N A P A I S R E P A
K E N H A E B T T E M A N X W N
E P G A L M C M U H V R A Z N A
S S A B A L D A E S Y E H G Y T
E U N R M A N J N G I I F I F I
M S C E G W U U A T E A Y T D L
P U B B L D B N I L I K S E I U
A P E L U A N G Y O U K I M R S
T H C Z X J R O I H Y D A V E E
A T G O A K T I V I T A S N D K
N M E N G E J U T K A N E O J T
```

KEGEMBIRAAN
TEMAN
AKTIVITAS
KECANTIKAN
KESEMPATAN
TANTANGAN
TUJUAN
KESULITAN
ANTUSIASME
PESIAR

TIDAK BIASA
JADWAL
ALAM
NAVIGASI
BARU
PELUANG
BERBAHAYA
PERSIAPAN
KEAMANAN
MENGEJUTKAN

54 - Floresta Tropical

```
M A M A L I A G G N A R E S J L
Z Z V N S K U I S A R O T S E R
M P B A B P X R Z G A I L T N H
C K E I U Z E A C N U T Y W I U
L O B R M N C L O U B A R Y S T
U M E A B B U A O A U M W Y A A
M U R T U E I M W N R R F A G N
U N H S P O D K A E U O V I N D
T I A E H S L A L U N H A S L I
G T R L M C F G A I G G S X M A
Q A G E F P J K F N M N Z G F M
X S A P A K V B V A E E F S V F
H Z G O K T W G C T P M K G Y I
H H O F X S Q F G O O V H V U B
G D I Y X S A P J B J Q M E V I
M J K L U S E J Z E E J C E C A
```

AMFIBI

BOTANI

IKLIM

KOMUNITAS

PERBEDAAN

JENIS

ASLI

SERANGGA

MAMALIA

LUMUT

ALAM

AWAN

BURUNG

PELESTARIAN

NAUNGAN

MENGHORMATI

RESTORASI

HUTAN

BERHARGA

55 - Cidade

```
T  B  R  J  M  R  K  T  O  K  O  B  U  K  U  G
M  J  A  Q  N  C  B  L  B  E  J  Y  P  K  H  H
C  C  M  H  T  J  O  S  I  T  O  R  O  K  O  T
W  E  V  C  E  N  N  U  P  N  D  P  D  Z  U  Q
F  N  B  J  K  M  N  P  R  X  I  O  H  R  H  U
B  A  N  F  P  U  I  E  R  P  S  K  S  H  O  G
H  A  L  O  K  E  S  R  D  P  A  S  A  R  T  I
F  K  N  B  U  S  A  M  N  A  R  O  T  S  E  R
L  A  O  K  U  U  M  A  Z  T  E  I  Y  S  L  E
O  T  I  V  T  M  R  R  L  B  T  B  X  J  R  L
R  S  D  L  Q  F  A  K  O  C  A  C  U  J  T  A
I  U  A  E  D  Z  F  E  B  T  E  N  D  K  T  G
S  P  T  L  S  G  F  T  N  T  T  Q  D  F  X  B
T  R  S  S  A  L  O  N  M  Y  B  Y  U  A  Y  S
H  E  U  N  I  V  E  R  S  I  T  A  S  B  R  H
R  P  Q  N  Z  N  E  V  O  X  J  F  P  T  X  A
```

BANDARA	HOTEL
BANK	TOKO BUKU
PERPUSTAKAAN	PASAR
BIOSKOP	MUSEUM
KLINIK	TOKO ROTI
SEKOLAH	RESTORAN
STADION	SALON
FARMASI	SUPERMARKET
FLORIST	TEATER
GALERI	UNIVERSITAS

56 - Música

```
N R H N D L U W M V S P I I B Y
W Z L A K I S U M U B L A R A C
O J A M D R C U B D S H G A L Y
F R K A E I D O L E M I C M A I
N B O K N S T E M P O R S A T B
K L V E C I H A R M O N I I V E
R L K R K T M V U B W P H L D R
V A A L Z I M Z R Y C B K D E I
O X R S S U M O A R E A T A U R
K Z E S I P P E N M T L R R T A
Y B P K I K F O N T L A V G Q M
G N O F O R K I M Y S D H J S A
N Y W D S B D U X D A A U Q E S
P E N Y A N Y I O Z B N Z U V W
P A D U A N S U A R A K Y K C N
O W U L H U B Z I W C B H I D M
```

ALBUM
BALADA
MENYANYI
PENYANYI
KLASIK
PADUAN SUARA
REKAMAN
HARMONI
ALAT
LIRIS

MELODI
MIKROFON
MUSIKAL
MUSISI
OPERA
PUITIS
IRAMA
BERIRAMA
TEMPO
VOKAL

57 - Matemática

```
E  I  D  D  Z  E  J  W  E  Y  X  Z  D  A  D  M
P  K  Z  D  O  E  A  R  A  K  G  N  I  L  P  P
E  S  S  R  P  A  P  F  U  B  P  V  A  A  J  A
R  P  D  P  E  A  P  E  G  H  A  L  M  U  J  R
S  T  O  C  O  D  K  L  A  M  I  S  E  D  X  A
A  E  R  L  G  N  U  T  I  H  I  I  T  F  E  L
M  G  A  P  I  L  E  L  A  R  A  P  E  R  G  L
A  A  D  E  S  G  L  N  K  A  Y  F  R  J  W  E
A  K  I  R  V  I  O  H  J  Y  S  U  D  U  T  L
N  L  U  S  O  S  M  N  E  O  W  N  I  L  Q  O
M  U  S  E  L  K  R  E  T  E  M  I  R  E  P  G
I  R  E  G  U  A  I  R  T  E  M  O  E  G  C  R
E  U  E  I  M  R  P  S  V  R  M  S  N  S  P  A
W  S  S  S  E  F  A  G  I  T  I  G  E  S  D  M
C  V  S  Z  N  J  N  Z  U  X  J  Q  F  D  R  S
G  M  K  I  S  U  L  U  B  C  L  M  P  J  J  J
```

HITUNG	PARALLELOGRAM
SUDUT	PERIMETER
LINGKAR	TEGAK LURUS
DESIMAL	POLIGON
DIAMETER	PERSEGI
PERSAMAAN	RADIUS
EKSPONEN	SIMETRI
FRAKSI	JUMLAH
GEOMETRI	SEGITIGA
PARALEL	VOLUME

58 - Saúde e Bem Estar #1

```
R X U W W U D S G U A G R T O J
N R W D Q W O P N M K C E E P H
V I R U S I K F A R A S F R J T
N L R U N K T X L T G T L A W K
K I N I L K E W U V A T E P W O
U I F A N S R Z T Y F H K I F X
L S I K A P F E F M T G S R V P
I A T S R E G Y C J T E K E L J
T M K Q A G P E N G O B A T A N
A R A Y P S T I N G G I A K O O
V A V R A P K E O B A T P A F M
N F L F L Z I A H O W A Q B U R
U J P D E N H B L V T M O M Q O
W G Q T K Q W D W E I L E B Y H
K E B I A S A A N P R M G Q H Q
E E S J G M Z D O C C G U N O W
```

TINGGI	OBAT
AKTIF	SARAF
BAKTERI	TULANG
KLINIK	KULIT
DOKTER	SIKAP
FARMASI	REFLEKS
KELAPARAN	RELAKSASI
PATAH	TERAPI
KEBIASAAN	PENGOBATAN
HORMON	VIRUS

59 - Imigração

```
P  N  Z  H  S  U  A  N  A  K  M  S  E  R  Y  P
E  A  U  T  O  N  A  S  A  T  A  B  R  E  P  E
R  G  W  J  L  G  K  I  M  U  K  U  H  A  M  R
S  N  K  J  U  I  O  S  E  R  T  S  R  M  D  U
E  U  U  N  S  D  E  A  R  G  A  N  V  P  E  M
T  D  O  T  I  L  T  U  V  T  W  N  A  S  W  A
U  N  I  S  E  L  Y  T  C  X  X  L  S  B  A  H
J  I  S  A  R  T  S  I  N  I  M  D  A  K  S  A
U  L  A  G  H  G  U  S  A  P  D  I  H  Y  A  N
A  R  I  U  L  J  A  S  A  G  R  Z  A  Q  T  Y
N  E  S  T  G  Z  V  E  N  F  X  O  B  Y  V  V
I  P  O  E  Q  P  Z  R  A  N  N  W  S  O  E  O
U  B  G  P  E  U  C  A  D  U  V  W  R  E  U  C
N  D  E  G  K  O  M  U  N  I  K  A  S  I  S  E
Y  B  N  X  K  Z  C  E  E  D  O  K  U  M  E  N
O  S  J  D  A  H  D  J  P  K  R  P  S  Y  P  B
```

ADMINISTRASI	PERUMAHAN
DEWASA	HUKUM
BANTUAN	BAHASA
PERSETUJUAN	NEGOSIASI
KOMUNIKASI	PETUGAS
ANAK	PROSES
DOKUMEN	PERLINDUNGAN
STRES	SITUASI
PENDANAAN	SOLUSI
PERBATASAN	

60 - Natureza

```
S H J K N U R U G L E B A H D C
R U P L A T I V O E I B C M Q J
K A A N N V L K P I P O I M V M
E W L K U F B O E M V W G K V B
C A Q I A P E N A M P U N G A N
A N H T D I T A Z I U F A F L Z
N Z C K E Z H T U B A K T T I S
T C P R D R Z U Q B K S A H A K
I D N A G E O H I Q T K N R R S
K U F E U S S S I M A N I D A J
A H B U N T R I I T R D B E Z I
N P K W U E B P C C E X D G R K
W Z R O N L U O O P K N V W L A
S Z V G G G Q R U O Z U A T S Z
W S R S Q H D T A F X H Y N K D
W F J N U S U N G A I C L K G L
```

LEBAH
PENAMPUNGAN
BINATANG
ARKTIK
KECANTIKAN
GURUN
DINAMIS
EROSI
HUTAN
DEDAUNAN

GLETSER
GUNUNG
KABUT
AWAN
TENANG
SUNGAI
SUAKA
LIAR
TROPIS
VITAL

61 - A Empresa

```
K P R O F E S I O N A L T U B P
K E S U M B E R D A Y A R U J E
X T M P R Q L Q B D F P E G G K
F I T A E R K O L N I O N V H E
X N B N J N Q W A D O G A H D R
I U L E S U D T T U S Y Q U D J
G L O B A L A A E W G P C D H A
X R R E T K W N P P R O D U K A
K I A I I A E I S A T U P E R N
U S W Z L V V P F I T A V O N I
D I T E A C O M U B M A B J P F
G K F W U K R L H T S I N S I B
W O Z A K V E C H G U X K A M A
I N D U S T R I S A T S E V N I
K E M U N G K I N A N O A E X N
P R E S E N T A S I E I U N Q M
```

PRESENTASI   PRODUK
KREATIF   PROFESIONAL
KEPUTUSAN   KEMAJUAN
PEKERJAAN   KUALITAS
GLOBAL   PENDAPATAN
INDUSTRI   SUMBER DAYA
INOVATIF   REPUTASI
INVESTASI   RISIKO
BISNIS   TREN
KEMUNGKINAN   UNIT

62 - Doença

```
K J D E K B T E K P T I X S Z P
R O A T H H L E Y A E E E F G A
O S A T I N U M I R R L R W K T
N H P S P H G R T U A E V B A O
I E E R P F H A A L P M H X Q G
S R R E L A A J P R I A I A L E
A E A M Z Z P T O I K H N U T N
H D D O E A S O R J B O A H S I
P I A R G N A L U T X U S P W A
E T N D E A U K E S E H A T A N
R E G N I R L L N J C U P O R D
U R A I B O V E A X G B A F N S
T Q N S P M I A R R X U N R S G
P I N G G A N G W G Q T R N Z J
D Y O X P L D B D K I T E N E G
M T O E E B J V A C X A P M K Z
```

PERUT   PERADANGAN
ALERGI   PINGGANG
MENULAR   NEUROPATI
HATI   TULANG
TUBUH   PATOGEN
KRONIS   PARU
LEMAH   PERNAPASAN
GENETIK   KESEHATAN
HEREDITER   SINDROM
IMUNITAS   TERAPI

63 - Aquecimento Global

```
Q Z S G I J J I S A L S I G E L
L A N O I S A N R E T N I S F V
O X D Y O W A Z Q N K H T G A S
P E M B A N G U N A N A M V Y X
P D N Q M R J H P W N M R D S I
M E C F C Q I U C U N B P A U H
J X M I L K I S S M C I K H N U
N E M E V B Q S H L E H B X B G
Z F J S R N I V S I S I R K P Q
R G J O M I S N E U K E S N O K
A R K T I K N A I T A H R E P O
R M T S C I R T S U D N I S U U
G E N E R A S I A O D D X B L L
E N E R G I A W U H W A W Z A U
T F C M A S A D E P A N T F S A
Z L I N G K U N G A N W R A I H
```

SEKARANG
LINGKUNGAN
PERHATIAN
ARKTIK
ILMUWAN
IKLIM
KONSEKUENSI
KRISIS
DATA
PEMBANGUNAN

ENERGI
MASA DEPAN
GAS
GENERASI
PEMERINTAH
INDUSTRI
INTERNASIONAL
LEGISLASI
POPULASI
SUHU

64 - Aviões

```
F  K  T  I  N  G  G  I  C  A  W  A  K  Q  N  Q
P  O  I  N  A  N  U  R  U  T  E  K  Q  E  A  W
I  N  G  B  I  A  R  A  D  U  F  V  I  A  F  C
L  S  N  A  G  P  G  N  A  B  M  E  G  N  E  M
O  T  A  H  G  M  C  A  H  K  S  N  U  A  T  P
T  R  L  A  N  U  G  G  H  I  E  N  I  S  M  K
T  U  N  N  I  N  B  N  X  C  D  L  H  A  M  D
U  K  M  B  T  E  A  A  Y  P  S  R  U  U  S  Z
R  S  B  A  E  P  L  L  G  Y  E  O  O  S  F  A
B  I  Y  K  K  C  O  A  W  O  G  C  M  G  U  J
U  A  Z  A  H  N  N  U  A  R  A  H  H  W  E  E
L  R  J  R  E  N  M  T  Q  S  W  V  X  D  B  N
E  Y  C  H  Q  G  U  E  K  B  F  N  Q  S  K  U
N  F  P  P  G  Q  D  P  S  S  E  J  A  R  A  H
S  I  L  Q  P  Q  M  P  K  I  U  N  O  O  J  F
I  E  P  N  A  T  A  R  A  D  N  E  P  W  K  N
```

KETINGGIAN	KETURUNAN
TINGGI	ARAH
UDARA	HIDROGEN
PENDARATAN	SEJARAH
SUASANA	MENGEMBANG
PETUALANGAN	MESIN
BALON	PENUMPANG
LANGIT	PILOT
BAHAN BAKAR	AWAK
KONSTRUKSI	TURBULENSI

65 - Tipos de Cabelo

```
O C K P O U W X L A K I W V D G
B G E E E O Q T U B M E L R T Y
L F R T B R P I I U Y N R H Z Y
M M I T E N A K Z A C J Z I S Y
D J T I R Q A K Z B M M B T N H
C D I C G F R Q P U J E E U I G
H Z N O E P I R A N G B R P V T
D B G K L A B E T P S H K B N H
J G L E O W A E Y S X I I O N T
N J K L M V B E R B U T L T G O
C Y G A B V G C L W G A A A M N
F B Q T A H T Y V T A M U K Y E
T I B G N A P E K I D R K A M C
R X J G G X F Y H P G F N A J R
S E H A T Z V Z F I A G Z A U G
P A N J A N G T O S K E P A N G
```

PUTIH
BERKILAU
IKAL
BOTAK
ABU-ABU
BERWARNA
KERITING
TIPIS
TEBAL
PIRANG

PANJANG
COKELAT
BERGELOMBANG
PERAK
HITAM
SEHAT
KERING
LEMBUT
DIKEPANG
KEPANG

66 - Criatividade

```
O  H  D  A  Y  A  H  I  D  U  P  S  P  U  Z  K
F  Q  W  B  O  R  N  G  K  R  T  F  Z  F  M  U
I  N  S  P  I  R  A  S  I  S  E  N  S  A  S  I
T  A  A  D  N  A  I  L  S  A  E  K  Z  O  I  U
N  A  T  N  H  B  L  T  X  G  W  O  W  K  N  U
E  S  I  C  K  M  H  V  I  S  I  W  Q  K  T  T
V  A  D  L  N  A  A  R  W  E  T  S  N  E  E  K
N  R  I  O  G  G  E  X  I  Y  E  I  H  S  N  E
I  E  U  E  M  D  K  Y  R  F  S  T  I  A  S  J
X  P  L  X  K  I  T  S  I  T  R  A  J  N  I  E
L  A  F  B  I  S  A  N  I  J  A  M  I  P  T  L
E  N  A  T  N  O  P  S  E  C  A  A  Y  D  A  A
U  M  H  S  G  W  M  R  J  A  D  R  F  X  S  S
C  K  O  M  M  Z  O  E  E  U  V  D  F  Q  F  A
N  X  S  S  E  J  K  M  I  S  I  U  T  N  I  N
V  X  M  X  I  D  A  K  R  W  I  V  S  S  M  C
```

ARTISTIK	IMAJINASI
KEASLIAN	KESAN
KEJELASAN	INSPIRASI
DRAMATIS	INTENSITAS
EMOSI	INTUISI
SPONTAN	INVENTIF
EKSPRESI	SENSASI
FLUIDITAS	PERASAAN
KEAHLIAN	VISI
GAMBAR	DAYA HIDUP

67 - Dias e Meses

```
N  S  I  M  A  K  X  B  T  E  Q  H  B  P  J  F
O  U  E  Q  I  T  F  U  Y  I  Q  N  K  K  K  C
V  T  O  P  I  I  D  L  P  P  E  P  U  Q  F  K
E  S  K  S  T  F  Q  A  J  D  G  A  P  R  I  L
M  U  T  E  A  E  E  N  Z  M  U  U  S  U  N  Z
B  G  O  N  M  Z  M  B  R  O  Y  A  E  B  U  E
E  A  B  I  U  D  C  B  R  J  O  C  L  W  J  Y
R  X  E  N  J  U  U  P  E  U  I  A  A  Q  O  C
T  I  R  V  Q  O  V  K  E  R  A  E  S  E  R  P
L  I  J  M  D  W  O  L  V  M  F  R  A  H  A  G
S  I  F  C  R  U  Y  A  S  H  F  Y  I  H  L  L
K  A  L  E  N  D  E  R  E  B  M  E  S  E  D  S
K  M  N  U  H  A  T  Z  E  J  R  A  B  U  M  E
T  A  M  T  J  J  A  N  U  A  R  I  S  K  K  Z
E  B  Q  P  X  N  V  Q  D  H  P  R  R  Z  E  C
S  K  R  S  A  B  T  U  G  G  N  I  M  I  A  W
```

APRIL	BULAN
AGUSTUS	NOVEMBER
TAHUN	OKTOBER
KALENDER	RABU
DESEMBER	KAMIS
MINGGU	SABTU
FEBRUARI	SENIN
JANUARI	SEPTEMBER
JULI	JUMAT
JUNI	SELASA

68 - Saúde e Bem Estar #2

```
S  R  T  T  J  P  S  I  M  O  T  A  N  A  P  B
U  U  J  Y  K  F  E  G  N  U  E  T  J  Z  E  Y
A  M  R  X  A  O  I  N  F  F  F  S  C  K  N  Z
S  A  Y  I  L  S  I  P  C  W  E  C  Z  P  Y  M
A  H  O  Y  O  F  X  A  Y  E  A  K  X  N  A  S
N  S  J  L  R  W  P  M  G  P  R  L  S  U  K  E
A  A  J  G  I  P  I  J  A  T  R  N  E  I  I  H
H  K  K  E  B  E  R  S  I  H  A  N  A  R  T  A
A  I  O  D  D  E  F  G  U  G  G  H  A  G  T  T
T  T  E  I  D  U  K  L  R  B  S  E  P  S  N  I
I  V  I  T  A  M  I  N  E  U  R  N  T  H  C  Z
P  E  M  U  L  I  H  A  N  T  B  E  I  W  F  Y
O  G  D  D  A  R  A  H  E  R  E  T  Y  Y  Z  O
N  A  F  S  U  M  A  K  A  N  R  I  G  Y  M  B
G  W  N  M  C  H  S  G  P  Y  A  K  E  U  I  Y
M  F  P  O  M  U  K  K  I  K  T  A  B  S  B  Z
```

ALERGI	KEBERSIHAN
ANATOMI	RUMAH SAKIT
NAFSU MAKAN	SUASANA HATI
KALORI	INFEKSI
TUBUH	PIJAT
DIET	BERAT
PENCERNAAN	PEMULIHAN
PENYAKIT	DARAH
ENERGI	SEHAT
GENETIKA	VITAMIN

69 - Geografia

```
W  L  B  B  U  T  A  R  A  C  I  I  G  B  N  G
I  V  E  E  Y  H  V  I  N  H  I  W  P  Y  E  A
L  A  L  N  S  R  U  J  U  B  S  I  R  A  G  R
A  P  A  U  A  T  E  P  S  U  N  G  A  I  A  I
Y  F  H  A  L  I  K  L  A  P  O  T  O  B  R  S
A  J  A  T  T  O  G  F  A  Z  D  I  Z  Q  A  L
H  X  N  O  A  O  N  G  Q  U  A  L  U  P  X  I
V  G  B  K  N  J  U  U  N  A  T  A  L  E  S  N
B  H  U  D  X  A  N  E  A  I  S  I  D  F  C  T
L  H  M  Q  U  N  U  A  I  L  T  A  L  T  W  A
N  M  I  S  D  N  G  V  D  W  A  E  B  D  A  N
V  P  F  J  F  V  I  R  I  Z  R  J  K  K  J  G
U  Q  I  W  T  P  K  A  R  G  A  W  P  I  F  M
U  S  M  G  T  Y  B  H  E  C  B  Y  B  Q  Q  T
S  V  J  D  R  H  B  M  M  E  V  P  O  D  D  V
K  H  A  T  U  L  I  S  T  I  W  A  Q  F  A  U
```

KETINGGIAN	LAUT
ATLAS	MERIDIAN
KOTA	GUNUNG
BENUA	DUNIA
KHATULISTIWA	UTARA
BELAHAN BUMI	BARAT
PULAU	NEGARA
GARIS LINTANG	SUNGAI
GARIS BUJUR	SELATAN
PETA	WILAYAH

70 - Antártica

```
M V U Y O J Z T P X Z Y Q Z E B
I S I D E P S K E U T E L U K Z
G E I W B Z Y V D R L U R H O T
R A N G E J M V I I O A U U T I
A E Y E N N J A F A S C U S S F
S I S P U B R N Z F S G K Z Y A
I P S T A W B T K L U J G Y L R
E R L Z E S E M E N A N J U N G
V H A I M L I P O P P M Z G O
Z T X H E V G S H L E E I B L P
K O N S E R V A S I N N N I J O
N Y G S I F A R G O E G E C P T
L I N G K U N G A N L U R M Y J
M J Z H H O M A K N I I A U N K
C S C T Q D K D D X T N L P X P
X Z I R A R B C Z R I D Y B E P
```

LINGKUNGAN
AIR
TELUK
PAUS
ILMIAH
KONSERVASI
BENUA
EKSPEDISI
GLETSER
ES

GEOGRAFI
PULAU
PENELITI
MIGRASI
MINERAL
SEMENANJUNG
PENGUIN
ROCKY
SUHU
TOPOGRAFI

71 - Flores

```
I  M  S  Q  D  P  F  J  G  R  T  M  D  M  A  Q
B  U  K  E  T  F  V  D  O  T  C  V  A  A  C  Y
S  P  E  G  N  W  X  N  B  X  E  X  N  G  D  K
C  G  R  A  U  S  B  I  A  I  T  C  D  N  A  F
X  B  G  R  R  V  I  G  V  M  W  Q  E  O  I  H
P  Y  G  D  N  W  E  G  X  U  M  R  L  L  S  I
G  P  N  E  R  E  D  N  E  V  A  L  I  I  Y  B
O  P  A  N  I  D  J  A  L  M  W  Q  O  A  L  I
P  O  U  I  L  V  T  M  I  T  A  K  N  X  T  S
L  P  K  A  P  O  L  E  K  R  R  C  O  W  O  C
Y  I  E  S  M  T  J  S  L  F  E  P  Q  U  H  U
T  L  L  O  M  E  L  A  T  I  U  M  N  X  G  S
S  U  P  A  N  M  J  R  Z  U  H  F  U  Y  S  M
W  T  N  O  C  Y  L  I  L  Y  B  L  W  L  Q  B
E  I  D  A  F  F  O  D  I  L  H  S  P  G  P  X
K  T  R  O  K  B  D  Q  R  N  M  K  H  L  N  L
```

BUKET	DAFFODIL
DANDELION	ANGGREK
GARDENIA	POPPY
HIBISCUS	PEONY
MELATI	KELOPAK
LAVENDER	PLUMERIA
LILAC	MAWAR
LILY	SEMANGGI
MAGNOLIA	TULIP
DAISY	

72 - Fazenda #1

```
C R D Q K V B M D X Z V J B H L
F G K U P U P W X Y G F M B Y V
F B U C B H B C Y T P V L I U N
I R C Z R K A G A G D X E V E A
I W I B A B E R K Q H F B K N S
Y O N U G N C L A A D O A A H I
G I G N A Y A S E U M C H Y F P
B N J A P M J I M D Y B P A H A
Y P G N N K E T Y T A M I M Q S
W R D A X N R E F Z D I B N U M
O V R W Y B A B V G N I I G G N
E S K A S W M C X D Q K D L P R
S I G K O V I H O G F J A B R R
J Y S L E Q D U G N I J N A I R
P E R T A N I A N R C Y G Z E R
Z A H C T Y A U G Z H V K U D A
```

LEBAH	PAGAR
PERTANIAN	GAGAK
NASI	JERAMI
AIR	PUPUK
BETIS	AYAM
KELEDAI	KUCING
KAMBING	SAYANG
BIDANG	BABI
KUDA	KAWANAN
ANJING	SAPI

73 - Livros

```
L  I  P  P  E  M  B  A  C  A  Y  P  D  L  P  L
I  N  B  E  K  O  L  E  K  S  I  I  U  K  O  B
J  V  A  S  T  W  J  T  A  W  A  C  S  I  X  D
Z  E  Z  U  S  U  F  A  T  K  S  H  P  P  S  W
S  N  A  M  A  L  A  H  A  L  Q  F  E  O  I  I
U  T  R  A  S  N  L  L  W  E  E  K  N  E  R  N
P  I  T  R  A  G  I  S  A  X  V  M  U  E  O  D
E  F  Y  X  W  J  K  W  T  N  Y  I  L  S  T  I
K  P  A  B  R  W  V  I  I  A  G  S  I  E  S  T
O  U  I  N  O  V  E  L  R  N  V  A  S  R  I  U
N  E  Z  K  T  R  E  L  E  V  A  N  N  I  H  L
T  S  Z  J  A  T  N  V  C  V  R  M  H  F  C  I
E  R  K  R  R  D  U  A  L  I  T  A  S  N  L  S
K  A  V  L  A  L  H  W  V  Y  S  O  C  P  K  C
S  Z  Q  Y  N  O  R  S  A  R  A  Z  V  W  O  B
R  M  M  E  I  H  H  J  B  S  S  J  O  I  P  U
```

PENULIS   PEMBACA
PETUALANGAN   SASTRA
KOLEKSI   NARATOR
KONTEKS   HALAMAN
DUALITAS   WATAK
DITULIS   PUISI
EPIK   RELEVAN
CERITA   NOVEL
HISTORIS   SERI
INVENTIF   TRAGIS

74 - Chocolate

```
U  D  A  A  G  K  L  U  F  A  O  M  M  A  N  Q
R  Z  J  D  D  E  Z  B  Z  N  J  Y  Y  E  K  D
M  A  N  I  S  L  F  W  K  T  I  R  O  V  A  F
E  J  U  E  I  A  J  F  A  I  R  O  L  A  K  R
N  X  I  B  T  P  D  U  I  O  A  K  A  K  U  E
L  V  V  Z  O  A  F  L  S  K  C  R  Z  P  B  V
A  R  T  I  S  A  N  A  L  S  V  X  O  U  U  F
K  A  I  Y  K  C  D  A  R  I  O  J  Q  M  B  K
R  U  H  N  E  J  Y  S  H  D  G  U  L  A  A  E
C  H  A  C  L  E  M  A  R  A  K  A  C  A  N  G
L  X  P  L  N  F  J  R  I  N  B  N  O  M  N  L
S  J  E  D  I  J  O  C  I  O  H  F  L  L  V  S
T  M  S  P  V  T  A  Z  E  L  G  Y  J  L  Q  R
X  C  E  A  R  L  A  W  I  V  G  Y  O  B  H  D
O  B  R  M  R  A  B  S  A  P  S  R  G  Y  A  B
D  J  I  J  U  N  J  J  S  L  K  O  U  J  C  N
```

GULA
PAHIT
KACANG
ANTIOKSIDAN
AROMA
ARTISANAL
KAKAO
KALORI
KARAMEL
KELAPA

LEZAT
MANIS
EKSOTIS
FAVORIT
RASA
BAHAN
BUBUK
KUALITAS
RESEP

75 - Governo

```
L T C B B P A N H K D R P C G G
P I D A T O H E O F I D E R G V
U P P S L G N G U N O T M X C W
X X C I R C V A L A N O I S A N
K I R T S I D R D S A K M L B Z
E S K E F G W A I G L E P L O W
A A V O U D Q X S N I S I A E P
D R P H N G D U K A D E N I S F
I K L D D S S N U B A T G E G M
L O B M I S T E S F R A L W H O
A M U K U H W I I Q E R I M X R
N E T E N A N G T V P A B A R Y
A D M O N U M E N U S A E R L P
Y U L A N K O Y J F S N R M R O
K E M E R D E K A A N I T S U R
M I Y B F R B U H K F V Y K D X
```

SIPIL
KONSTITUSI
DEMOKRASI
PIDATO
DISKUSI
DISTRIK
NEGARA
KESETARAAN
KEMERDEKAAN
PERADILAN

KEADILAN
HUKUM
LIBERTY
PEMIMPIN
MONUMEN
NASIONAL
BANGSA
TENANG
POLITIK
SIMBOL

76 - Jardinagem

```
F G R L K X B M Q J D I W I B J
G W Z T L A J T M M Y O Y K O C
H R R X R J W U G M G R S L T O
B E N I H A D A W H S A E I A I
O N A B A B M E L E K Z L M N N
N R W D N B X N K Q L H A B I B
H I C S A Y U A M V D M N M H U
E J G H T U A K Q X E U G H G N
H W G M A K I A E R D S E N W G
M E K A R R N M L T A I E K Z A
D P Q M K B D I V U U M P U U K
E K S O T I S D H N N A Z N X O
W P H P O C C A U X A N F G Q M
C W X A R U F S L A N U F U D P
J E N I S R M I T F R A J I H O
X Q R N Y O A B H K N D M N I S
```

AIR
BOTANI
BUKET
IKLIM
BISA DIMAKAN
KOMPOS
JENIS
EKSOTIS
MEKAR
BUNGA

DAUN
DEDAUNAN
SELANG
ORCHARD
WADAH
MUSIMAN
BENIH
TANAH
KELEMBABAN

77 - Profissões #2

```
E  I  B  E  T  I  Y  W  C  T  S  C  P  G  W  A
T  L  U  Y  T  G  G  R  T  Z  V  F  F  C  B  H
W  U  C  M  I  I  T  U  M  E  N  E  P  T  J  L
G  S  Z  C  J  G  V  Y  S  S  U  D  R  L  V  I
P  T  J  H  V  R  L  N  V  G  R  F  A  O  V  B
E  R  H  A  D  E  B  I  L  H  A  F  D  S  B  I
L  A  P  S  O  T  W  S  F  I  L  S  U  F  H  O
U  T  E  A  K  K  X  N  X  T  I  Y  A  I  Y  L
K  O  N  H  T  O  L  I  P  K  H  W  V  I  T  O
I  R  E  A  E  D  W  A  R  T  A  W  A  N  O  G
S  R  L  B  R  P  U  S  T  A  K  A  W  A  N  I
Q  L  I  I  G  U  R  U  K  J  O  W  O  T  O  B
T  F  T  L  Z  O  O  L  O  G  I  H  G  E  R  R
H  H  I  H  B  L  X  L  P  X  W  J  B  P  T  K
R  E  F  A  R  G  O  T  O  F  F  U  K  Y  S  T
T  U  K  A  N  G  K  E  B  U  N  O  B  B  A  B
```

PETANI	PENEMU
ASTRONOT	PENELITI
PUSTAKAWAN	TUKANG KEBUN
AHLI BIOLOGI	WARTAWAN
AHLI BEDAH	AHLI BAHASA
DOKTER GIGI	DOKTER
INSINYUR	PILOT
FILSUF	PELUKIS
FOTOGRAFER	GURU
ILUSTRATOR	ZOOLOGI

78 - Café

```
S Q V P S P H R E K A K X P U H
U J A A Z A B P A X I R T O L G
S X R N J I R G U S R I P A G I
U F I G P B B I R C A M A P I U
T O A G T I V N N Y J M U S B M
D H S A G C N F U G S Z J O Q T
R K I N M E N G G I L I N G E D
N A H G S L X S S X H T J K I A
C F D Z N I K F Q K X I H U J G
A E C A N G K I R M S H N S K D
I I G H W H A R G A X A R O M A
R N G M I N U M A N A P W P A H
G E H U Y L R S Q O G Z A Z T J
Z N X U L I B Q X H G E V O I N
Q Y P S O A T J H N Z W K V H N
R Q G K T D D B A G A S A L Z O
```

GULA
PAHIT
AROMA
PANGGANG
AIR
MINUMAN
KAFEIN
CANGKIR
KRIM
SARING

SUSU
CAIR
PAGI
MENGGILING
ASAL
HARGA
HITAM
RASA
VARIASI

79 - Negócios

```
B I A Y A R W H W P T B J P X M
I N V E S T A S I T A A J E E T
D H L W X A E P A B R I K N K K
D R Y P L G S G P H H M A D A A
K A R Y A W A N N V E O J A R X
I P M U Q H G A A A W N A P I K
R N E U S K H U K H U O P A E L
H A X R R E B A I K Y K C T R C
D L U T U T O T J N N E J A C L
W A R N O S P A A A R O T N A K
G U A V Y K A M M A N A J E R A
C J T U O B O H L X L B F D Q P
A N G G A R A N A G N A U E K A
N E T K P I L T K A L A B A Q G
O P I P P Q K E G S N O K S I D
Y A I M D B T G F X J Z Q V N Q
```

KARIER	KEUANGAN
BIAYA	MANAJER
DISKON	PAJAK
UANG	INVESTASI
EKONOMI	TOKO
KARYAWAN	LABA
MAJIKAN	MATA UANG
PERUSAHAAN	ANGGARAN
KANTOR	PENDAPATAN
PABRIK	PENJUALAN

80 - Fazenda #2

```
C  U  J  P  R  P  P  X  Q  E  G  B  A  G  K  P
Y  T  Z  E  O  I  A  M  A  L  L  E  J  U  O  A
U  E  H  T  B  S  P  N  D  L  N  E  M  I  B  D
G  G  N  A  T  A  M  Q  G  T  K  H  F  Y  I  A
W  P  G  N  U  G  A  J  T  S  G  I  B  Z  N  N
T  D  B  I  Y  I  O  D  R  B  A  V  M  P  A  G
O  R  C  H  A  R  D  X  J  S  E  E  Y  V  T  R
Y  O  X  Q  B  I  I  E  E  G  L  B  H  L  A  U
M  T  X  K  M  M  A  T  L  M  E  W  E  E  N  M
G  K  S  V  O  Z  N  H  A  U  B  M  Z  K  G  P
A  A  J  I  D  Z  G  W  I  A  Y  E  B  O  C  U
D  R  W  Y  G  A  N  D  U  M  Q  S  H  A  O  T
W  T  I  Z  D  R  A  J  S  F  O  V  N  W  L  B
A  H  G  E  S  Q  D  U  U  M  D  F  H  E  B  A
P  A  I  V  E  X  U  C  S  O  E  M  L  B  W  J
A  E  A  F  H  Q  G  D  F  H  R  R  H  X  U  P
```

PETANI	MATANG
BINATANG	JAGUNG
GUDANG	DOMBA
JELAI	GEMBALA
BEEHIVE	BEBEK
BUAH	ORCHARD
ANGSA	PADANG RUMPUT
IRIGASI	TRAKTOR
SUSU	GANDUM
LLAMA	

81 - Jardim

```
R V I N E R G L W T R H D K Q S
M U K E B U N I T E T A N A H E
E W M P Y X W O P R Z G G T O M
N B M P M F A M A A Q N F A N A
Y G D U U W V T E S B U Y I P K
A U C E L T Q J Y E Y B R T B O
P P D V S E K O P T B A N G K U
U G B E R A N D A R T Q W P Y T
C Z U F K F W Y Y A M Z Q Q V P
M D H L Z J R U I M A L O K S O
C Y I C M K A X J P L J P R X H
L X W D R A H C R O Z Q H A V O
P U Z V B S P R V N L D S X A J N
W W R Y Z Y O T E I S A R A G U
L M S H D O B Q T N K Q S P T R
S E L A N G F J N P H I J X I T
```

MENYAPU   KOLAM
SEMAK   SELANG
POHON   SEKOP
BANGKU   ORCHARD
PAGAR   TANAH
GULMA   TERAS
BUNGA   TRAMPOLIN
GARASI   BERANDA
RUMPUT   VINE
KEBUN

82 - Oceano

```
H U Y N E P P D E I F C T L T S
H B D I M A Q E M R R S K T U T
I U S K M L K A R N B E R I N H
U R V U M V H E K A B M O R A C
Q U B M U R E T P K H X I A J S
F B B A D A I F J I N U I M B R
C U E G N A D U T R T X Q A T U
B R O L I B V G Z U U I P A U S
A K M A D M T U N L L N N J N F
D N J B Q U J R G R E K S G A J
L U N V B L L I N A B C A N N G
S P O N S A I T L R R T M A E T
U T U I M B K A H U A A H R S L
T U B J N M L J W Y X X M A C N
N R C D T U D C A X U Q W K B M
M J Q L O L A P C Z B I T G Z J
```

ALGA	UBUR-UBUR
TUNA	OMBAK
PAUS	TIRAM
PERAHU	IKAN
UDANG	GURITA
KEPITING	TERUMBU
KARANG	GARAM
BELUT	PENYU
SPONS	BADAI
LUMBA-LUMBA	HIU

83 - Profissões #1

```
D O K T E R H E W A N K X I T D
A T E J W W H E G M J A E L D U
J X S L U W R X B P Z R X M P T
A H L I G E O L O G I T L U S A
A T N Y N P E L A U T O P W I B
V R I K N A B Z B R Z G E A K E
Q B T M N G I V S K K R N N O S
C F V I Q F D P T A Y A A A L A
P T V A S B F M E R Y F R S O R
Z B Y T M H O A L A W E I A G Q
P E N J A H I T H C E R F I M V
F C Q R K W T Y U A D O G H R O
M U S I S I A N N G I E E R M Z
G D X Q B N L R T N T S Z E H X
A S T R O N O M E E O I M P Z W
G J I G W K K H R P R S H T N K
```

PENGACARA
PENJAHIT
ARTIS
ASTRONOM
BANKIR
HUNTER
KARTOGRAFER
ILMUWAN
PENARI
EDITOR

DUTA BESAR
PERAWAT
AHLI GEOLOGI
PERHIASAN
PELAUT
MUSISI
PIANIS
PSIKOLOG
DOKTER HEWAN

84 - Força e Gravidade

```
W A K T U M R X M L I U R G A S
Y K N U N A K E S E G J E G R U
H I P N U G H R K Y M U R U B M
J N R I X N A T A P E C E K C B
E A O V P E X I P M W U W V D U
I K P E V T E B M D L V I D Y F
H E E R Y I O R A S Q O A E W R
L M R S I S H O D I N A M I S H
C X T A F M P E D T U D J M Z R
T R I L A E L K A R A J X U G N
O E F Z P T A S U P T G L T A J
D V K X F V N P B E S A R N Y A
A J Y A H L E A E M O S R D I J
Q F E F N K T N A U M E N E P Y
R I Q G Y A M S F I S I K A B Y
P U Y U F L N I J U H R Q S P W
```

GESEKAN   BESARNYA
PUSAT   MEKANIKA
PENEMUAN   ORBIT
DINAMIS   BERAT
JARAK   PLANET
SUMBU   TEKANAN
EKSPANSI   PROPERTI
FISIKA   KECEPATAN
DAMPAK   WAKTU
MAGNETISME   UNIVERSAL

85 - Abelhas

```
V M A Q M M S G S E R A N G G A
N U E H D X X E I Q V W N T K C
F K S K T U U I R A H A T A M N
L I Q K A G N U B B N Y D P F V
X P D U T R F I Q M U Y F H S X
U A H U I T P A S A X K J N T Z
K P L Q B S A O T C L U S A J I
E T Y E A A N A C A Q K A C E
B J B K H Y A A A I Q O W D R F
U E I O A A S N F M N K F E S I
N D Z S U N U A N N A H H B W D
I R R I B G N W A O G N A R A S
L L U S Y X X A M L Q G V E R Q
I X Y T U O S K R M T P J P Z Q
L C A E H H M G E P B A R A T U
T O V M K M W E B V F T P A N D
```

SAYAP	ASAP
BERMANFAAT	HABITAT
LILIN	SERANGGA
SARANG	KEBUN
PERBEDAAN	SAYANG
EKOSISTEM	TANAMAN
KAWANAN	SERBUK SARI
MEKAR	RATU
BUNGA	MATAHARI
BUAH	

86 - Ciência

```
G A L S B B K D H F P T O D N O
D P G Z I G V B T I E G B A C R
M O L E K U L Y S S V M S T U G
B B E T M S F S Z I O W E A G A
A F K N U I D G L K L X R A F N
H T I W I S N W B A U F V L A I
A K T W R E F E A D S O A A K S
N F R U O T C D R N I S S M T M
K D A D T O M O T A V I I A A E
I O P D A P X T M W L L I X J Z
M Q T M R I R E E U H A K W O O
I V E S O H R M L M O P L B B L
A G T X B Q K S L L U A I G G A
U I X R A Z G C N I Y Y M Y J L
G X B T L T A N A M A N I H F E
G R A V I T A S I Y N Y I N E C
```

ATOM
ILMUWAN
IKLIM
DATA
EVOLUSI
FAKTA
FISIKA
FOSIL
GRAVITASI
HIPOTESIS

LABORATORIUM
METODE
MINERAL
MOLEKUL
ALAM
OBSERVASI
ORGANISME
PARTIKEL
TANAMAN
BAHAN KIMIA

87 - Comida #1

```
U M X P Z X N F X H F Z I G B L
R Q S U Q N C G E L M K J N D E
B A Y A M A S B O Z S A L A D M
C L B Y Z C P Z B Q U M R C I O
Y U S U S U A P V H J Y M A B N
D G O I L M N G V D P M S K G B
C T N J E E U K J E L A I A N A
A P R I K O T W Q J K S N B A W
B F U L D Y R G G E T A O W A
X M H S P D D A O O M R M L A N
H F X H X V H W Q W A O U K B G
J R U Z F Q G L T I N B Y B D P
X W O W E W S X G N G E A K U U
D F W M B G K Y O Y I R K M Q T
Y V B F Q S Z W S Z O I K W T I
F F L Q H V G A W A A T T L K H
```

GULA
BAWANG PUTIH
KACANG
TUNA
KUE
KAYU MANIS
BAWANG
WORTEL
JELAI
APRIKOT

BAYAM
SUSU
LEMON
KEMANGI
STROBERI
LOBAK
GARAM
SALAD
SUP
JUS

88 - Geometria

```
K D I A M E T E R L U F N E Y M
N A R A K G N I L A K I T R E V
S V L B T G B I Z B U M C N A V
E R A K J L O P J N E M G E S V
G U J J U X U V E A L O G I K A
I K G F W L I S S A W W Q O E S
T K I H S J A N B M O J S I W Q
I S N E M I D S A A Q L Z A I Y
G G L N Y F A I I S R O P O R P
A A V T M T S O C R B M N B P T
M A U T A E S Q S E O B X V A I
P E R M U K A A N P S E M C R N
T W H U Y D M E D I A N T N A G
Z Z R N N G U S I M E T R I L G
H C I N H G O S B T R A J Z E I
H O R I S O N T A L Q O V M L F
```

TINGGI	MASSA
SUDUT	MEDIAN
KALKULASI	PARALEL
LINGKARAN	PROPORSI
KURVA	SEGMEN
DIAMETER	SIMETRI
DIMENSI	PERMUKAAN
PERSAMAAN	TEORI
HORISONTAL	SEGITIGA
LOGIKA	VERTIKAL

89 - Pássaros

```
M A Y A I N T T S Q T H J A B J
L F N A H O O I T R O O K C U C
P T F G E G U P X B H C H K R Z
M K Z F S V C I Z N N C W K U E
E E Z K F A A P K E N A R I N B
R B R R B Z N G U Q P O X B G F
A E U V Q Y V N T E L U R T B L
K B A R Y U F U E B F C Z U E A
J W G L U M E R P A T I M R O M
J S N E W N P U L F Y J K K K I
E L A N G E G B K G I E A I O N
H H B G B K U R F A P R X M G
G L Q H I P G I N I U G N E P O
U P P E L I K A N T T C A R S X
L L O J C G E C C A A W M K C F
L E I Q V A V O B Y I E P F F P
```

BURUNG UNTA   TELUR
ELANG   BURUNG BEO
KENARI   BURUNG PIPIT
BANGAU   BEBEK
ANGSA   MERAK
GAGAK   PELIKAN
CUCKOO   PENGUIN
FLAMINGO   MERPATI
AYAM   TOUCAN
GULL   TURKI

90 - Virtudes #1

```
S I T K A R P S W S W Y G S O V
D E D A Z S P J T A H I I C V U
C E D F Q P Y G M B X R P H I H
J K R E X K Q I H A S I G B D B
M F N M R U Y Q K R D D Q I M E
F W A B A H Y X C U J N B R G R
W T A C J W A N A S K A J I B S
F N R F I T A N I J A M I D E I
L U C U I A Q N A Y U F Q A F H
M E N E N T U K A N X B F Y I U
A R T I S T I K P A I N P A S E
P E N A S A R A N W O R J C I I
B A G U S K F K L A S A D R E C
M E M B A N T U D N V X V E N F
I K I U N Y M O K E E Y D P X L
D Q S M B Z U R K M S S G E X C
```

ASYIK	IMAJINATIF
ARTISTIK	MANDIRI
BAGUS	CERDAS
PERCAYA DIRI	BERSIH
PENASARAN	SEDERHANA
MENENTUKAN	SABAR
EFISIEN	PRAKTIS
MENAWAN	BIJAKSANA
LUCU	MEMBANTU
DERMAWAN	

91 - Literatura

```
P  E  R  B  A  N  D  I  N  G  A  N  N  V  I  I
M  E  T  A  F  O  R  A  G  S  M  O  J  F  X  R
N  B  I  O  G  R  A  F  I  U  E  M  C  M  H  A
P  A  X  Q  B  G  Y  Z  H  M  T  S  C  P  S  M
Z  W  R  K  R  I  A  I  O  W  Z  G  Q  V  C  A
C  Y  W  A  Z  V  G  X  Z  W  O  Q  S  A  G  F
N  K  M  J  T  A  P  A  D  N  E  P  I  L  U  D
T  T  E  A  T  O  D  K  E  N  A  Q  S  D  K  E
R  A  X  S  H  S  R  D  E  J  P  J  I  C  N  S
A  Y  F  P  I  S  I  U  P  D  I  A  L  O  G  K
G  B  D  N  Y  M  T  C  R  G  S  E  A  D  D  R
E  K  G  Z  O  R  P  C  V  P  K  X  N  M  V  I
D  S  D  M  U  V  P  U  B  M  I  U  A  S  L  P
I  L  U  A  A  F  E  Z  L  O  F  X  F  G  L  S
P  E  N  U  L  I  S  L  B  A  I  O  I  E  H  I
A  N  A  L  O  G  I  A  T  P  N  Q  N  J  B  T
```

ANALOGI
ANALISIS
ANEKDOT
PENULIS
BIOGRAFI
PERBANDINGAN
KESIMPULAN
DESKRIPSI
DIALOG
GAYA

FIKSI
METAFORA
NARATOR
PENDAPAT
PUISI
SAJAK
IRAMA
NOVEL
TEMA
TRAGEDI

92 - Química

```
T A R E B M L R Y W H M A R A G
I W I L N V Y S G B P O J U H G
D O F E W C C E Q W N L K T I I
E E N M L A Q K Y A U E Q P S H
V U H E O C M V A N O K D L G G
C N X N I R O L K R F U J K M A
F Z X W P U O H I Z B L Q G F H
K M I Z N E D M N V I O Z W O G
H I D R O G E N A N U O N M U F
E A W G R C W U G U R Z E L D W
S I L A T A K L R K G O G Q W C
A L Z V K J S F O L B N I M C N
G M P S E S A A H I O W S M A H
A L K A L I N E M R D J K V I Z
K B K U E M A S U H U C O T R J
A E L R U Z P J Q M N K Q B P V
```

ALKALINE	HIDROGEN
ASAM	ION
PANAS	CAIR
KARBON	MOLEKUL
KATALIS	NUKLIR
KLORIN	ORGANIK
ELEMEN	OKSIGEN
ELEKTRON	BERAT
ENZIM	GARAM
GAS	SUHU

93 - Clima

```
E Y H E P C Q U B R O G P C L T
M P F L C E N H V U H U S S E O
T U N H L A N G I T U B A K P R
E R S D V E A N A N S F W X U N
S F O I G G G A D U A R N P Q A
B B N P M M N N A G N I R E K D
H P X P I J I E B Q A T H L M O
A C H S L S R T U B S E T A F Q
R F G M K S E U T N A P L N O R
X D A X I F K U U H U B T G K A
A N G I N X E E K J S L M I R U
E W O X A U K L E W S V C E I F
C L A C D B T U M M H X T K L F
X K W S F Y H I R Q Z R N V B T
R G A N Q N O M S L I G X I U T
X W N B X R Y X R E J B Z O R G
```

PELANGI
SUASANA
TENANG
LANGIT
IKLIM
ES
MUSIM
KABUT
AWAN
KUTUB

PETIR
KEKERINGAN
KERING
SUHU
BADAI
TORNADO
TROPIS
GUNTUR
LEMBAB
ANGIN

94 - Diplomacia

```
K O M U N I T A S W Z X J K N E
D U T A B E S A R L V K O J F T
K E D U T A A N R W Y Y J U T I
Y M X P E M E R I N T A H S E K
B S K N B N P E N A S I H A T A
O M J K W A R G A K W V V D H S
A H A I C N J Y D I S K U S I P
R S M T U A T U S L S C N M M O
C E A A W M B W W F B U A J X L
D P S M M A H M R N A Z L P F I
X V A O P E U E U O Z V I O A T
Y E J L L K U Y T K C E D A S I
U N R P C U B A H A S A A M M K
T C E I V P S Q D J O U E M C J
M T K D X L E I Q T O B K L J M
I N T E G R I T A S R S N D R G
```

WARGA	ETIKA
KOMUNITAS	PEMERINTAH
KONFLIK	INTEGRITAS
PENASIHAT	KEADILAN
KERJA SAMA	BAHASA
DIPLOMATIK	POLITIK
DISKUSI	RESOLUSI
KEDUTAAN	KEAMANAN
DUTA BESAR	SOLUSI

95 - Comida # 2

```
S R J I B W M Z I V O R M G E A
P E Z I T F T H K K T E Q I M R
G G D P M T W F A R W D H Y O Y
N V L Z C E R I N B R O K O L I
E M E G N A S I P D X N T D R A
I Q C N I J E K O H C I T R A L
P K E O T R I W I Y G R F U P C
C K C R K U W C M W O U F M A H
C M N E Y L E P A V I G X A B D
Q V C T E E A L Y P Q G H J F I
I G O Q T T J T A D M N K U B T
H O P Y Q S P A W H U A Z J R F
N A S I J A L M O N D P J E B T
V X L Q K X M O J Q N I R K J O
V O R O U D W T T H A P P C P E
M W E U T C N W B S G T J I N S
```

ARTICHOKE	YOGHURT
ALMOND	KIWI
NASI	APEL
PISANG	TELUR
TERONG	IKAN
BROKOLI	HAM
CERI	KEJU
COKLAT	TOMAT
JAMUR	GANDUM
AYAM	ANGGUR

96 - Universo

```
M W S O F U A L F I S K A L A G
J R A M R J Q S H O R I S O N A
B U L A N B K B T W L X Y L Z R
S J X T N Y I E T E Y Y R R D I
Z U X C R S M T E C R M B M Y S
K B A E J T S J R I U O D R T L
F S I S H A O B L T P N I J E I
T I G N A L K G I S T O M D L N
N R Q T Z N W O H L V R O S E T
K A I D O Z A L A O C T N M S A
C G M I R I N G T S R S O P K N
B E L A H A N B U M I A R P O G
G I Z S U R Y A C C D B T O P Q
Q T L D R P R R D N Y H S V A I
L P W A W I T S I L U T A H K D
N U C C Y M H G J C I C Y S I Y
```

ASTEROID
ASTRONOMI
ASTRONOM
SUASANA
LANGIT
KOSMIK
KHATULISTIWA
GALAKSI
BELAHAN BUMI
HORISON

MIRING
GARIS LINTANG
GARIS BUJUR
BULAN
ORBIT
SURYA
SOLSTICE
TELESKOP
TERLIHAT
ZODIAK

97 - Jazz

```
S  A  R  M  F  Y  L  A  N  E  K  R  E  T  Y  I
Y  O  H  U  S  A  T  U  A  B  O  X  I  M  Y  R
F  K  C  S  E  J  V  A  C  B  N  C  G  T  N  A
I  X  M  I  U  J  O  O  R  B  S  I  T  R  A  M
U  G  C  K  M  N  L  S  R  V  E  R  A  P  N  A
K  O  M  P  O  S  E  R  Y  I  R  Z  K  B  A  A
V  C  M  B  Q  D  T  M  L  Z  T  K  A  O  K  L
T  E  K  N  I  K  Y  R  A  F  Z  J  B  B  E  F
E  R  O  D  O  G  E  N  R  E  M  Y  Z  C  T  G
H  B  I  Y  A  B  K  O  M  P  O  S  I  S  I  P
A  Q  Y  U  I  S  A  S  I  V  O  R  P  M  I  R
M  L  O  R  C  U  Y  R  X  G  F  R  D  R  U  M
U  K  B  C  X  M  A  O  U  Z  J  L  L  A  G  U
V  U  C  U  J  E  G  O  R  K  E  S  T  R  A  N
E  S  B  A  M  E  F  O  Q  W  T  G  F  X  J  M
Z  D  I  M  H  N  N  B  Y  T  C  Y  M  L  X  S
```

ARTIS	FAVORIT
ALBUM	GENRE
DRUM	IMPROVISASI
LAGU	MUSIK
KOMPOSISI	BARU
KOMPOSER	ORKESTRA
KONSER	IRAMA
GAYA	BAKAT
TEKANAN	TEKNIK
TERKENAL	TUA

98 - Barcos

```
R A K I T P S M L F E J X H P A
C T O R U Y A B V P H A C U B J
W H D E A A S A A O N A K A F
U V Q F L C S F A K R G U N H B
G O X S B H U I U N K K A Y A K
J C S E L T G G L N G A A J R E
G Y V M Q T N M K G H R X W I O
J V U W W C U S U N G A I L A T
N X M J S X P R D R G O C Y K F
O M B A K Q M I Q A O C R K P T
T I A N G K A P A L N C B F E X
T Z O A D Z L R G X I A B V L W
H S Z R F B E Z U U S C U Z A G
C D L E S C P F O Z E C D F U F
G D E P H O G X A I M A L U T G
F O I G D P E R A H U L A Y A R
```

JANGKAR
FERI
PELAMPUNG
KAYAK
KANO
TALI
DOK
YACHT
RAKIT
DANAU

LAUT
PASANG
PELAUT
TIANG KAPAL
MESIN
BAHARI
OMBAK
SUNGAI
AWAK
PERAHU LAYAR

99 - Mamíferos

```
K C I R T N A B W P O K V U L M
E U L G W G V A B A T U A U U O
E O D R D A Q N R U S G U M M N
A E G A N H J T U S Y N Y H B Y
Z T E V C B A E B H R A Z L A E
T Z Y P H L F N A L I R O G L T
U J A Q J K D G H L E E D B U Z
G A J A H A O N X C A B K M M E
S I N G A N M I A W T G N O B B
J R Y W V G B C N C N N I R A R
W E Y N E U A U J E U A Q R S A
C T R H T R F K I Q Y R S P E U
Y O U A A U P L N U O E B S W S
P Y P M P A E R G G C B F L H J
T O J L P A K E L I N C I N V N
P C T V G D H X P V Q Z P T Y C
```

PAUS
UNTA
KANGURU
BERANG-BERANG
KUDA
ANJING
KELINCI
COYOTE
GAJAH
KUCING

JERAPAH
LUMBA-LUMBA
GORILA
SINGA
SERIGALA
MONYET
DOMBA
RUBAH
BANTENG
ZEBRA

100 - Atividades e Lazer

```
E  T  E  K  S  A  B  S  W  U  F  A  D  R  J  L
S  E  B  H  S  T  C  E  I  N  Z  L  J  E  L  D
I  N  E  S  J  I  D  Z  O  P  L  O  R  N  Z  F
B  I  R  M  G  O  L  F  U  K  A  B  J  A  K  R
I  S  K  E  A  N  X  S  Q  X  U  K  Y  N  M  K
S  F  E  N  Y  A  I  S  A  N  T  A  I  G  W  J
B  N  B  Y  K  S  B  P  Q  Q  H  P  L  Z  M  P
O  T  U  E  D  I  O  A  M  G  V  E  O  K  D  J
L  A  N  L  V  K  H  L  T  A  F  S  V  G  H  P
Z  M  O  A  W  U  Q  A  P  B  C  O  A  K  R  O
H  X  E  M  L  L  L  B  I  N  O  Z  L  V  W  I
Y  I  B  E  P  E  R  G  I  A  N  O  O  W  F  M
M  D  K  U  I  J  D  A  C  H  V  F  B  Y  X  O
N  Y  W  I  E  T  E  D  P  T  I  N  J  U  K  F
Q  R  A  C  N  A  L  E  S  R  E  B  U  R  G  L
E  X  X  C  A  G  N  I  C  N  A  M  E  M  M  W
```

CAMPING   BERKEBUN
SENI   MENYELAM
BASKET   RENANG
BISBOL   MEMANCING
TINJU   LUKISAN
HIKING   SANTAI
BALAP   BERSELANCAR
SEPAK BOLA   TENIS
GOLF   BEPERGIAN
HOBI   BOLA VOLI

1 - Dirigindo

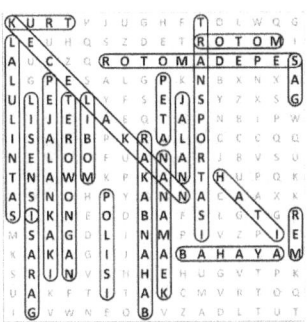

2 - Antiguidades

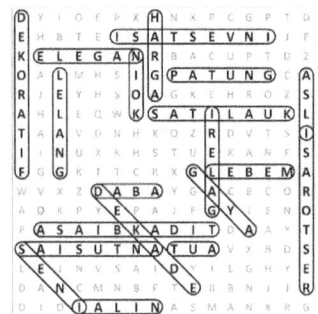

3 - Churrascos

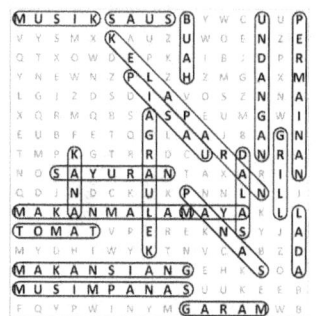

4 - Pesca

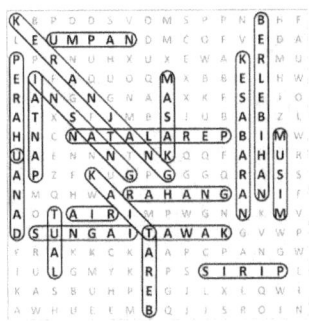

5 - Geologia

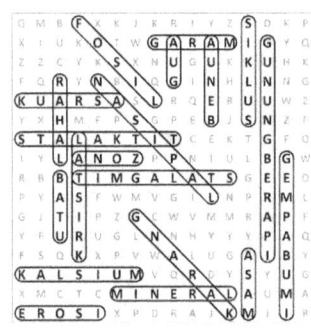

6 - Ética

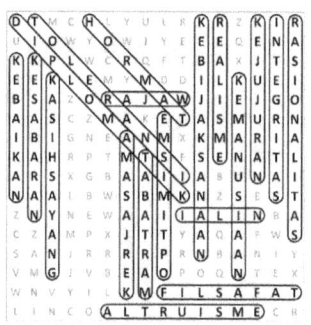

7 - Tempo

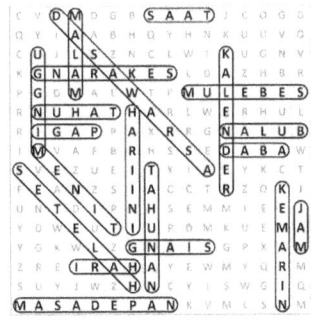

8 - Astronomia

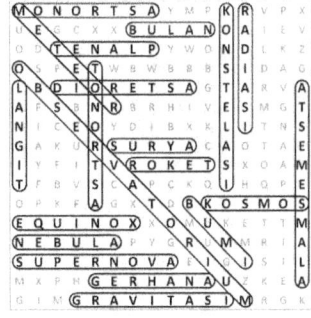

9 - Acampamento

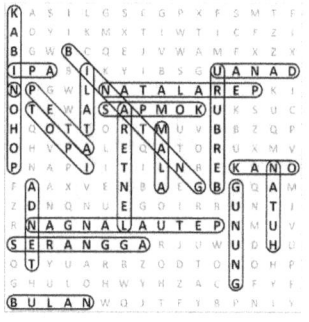

10 - Ficção Científica

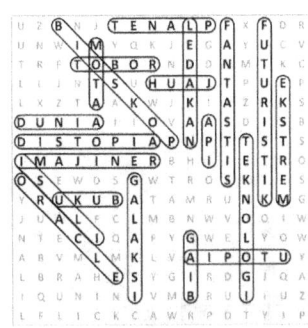

11 - Mitologia

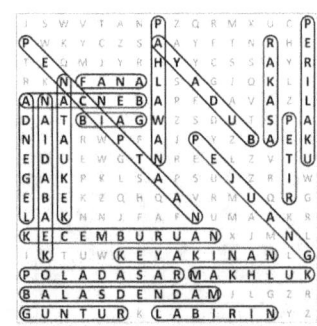

12 - Medições

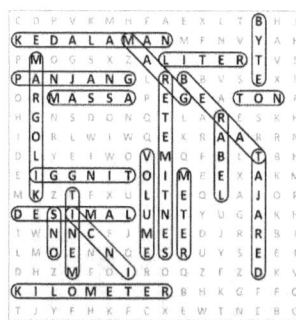

13 - Álgebra

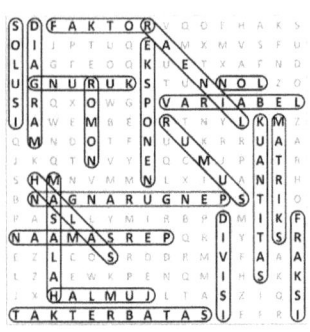

14 - Plantas

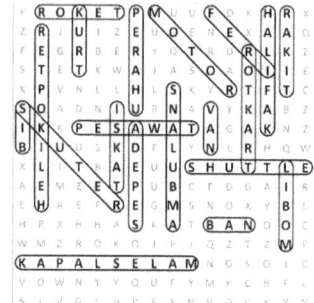

15 - Veículos

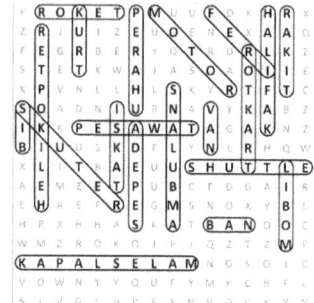

16 - Engenharia

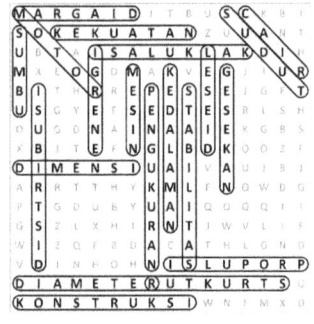

17 - Restaurante # 2

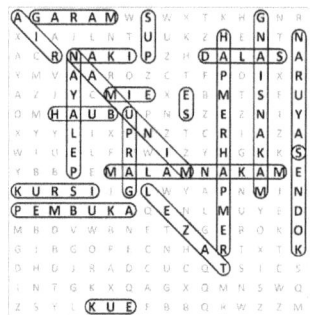

18 - Países #2

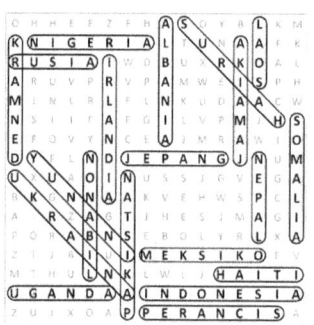

19 - Material de Arte

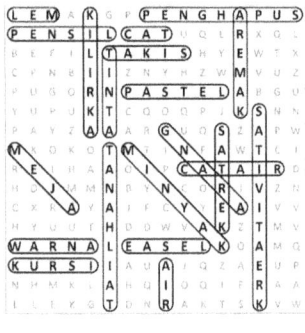

20 - Números

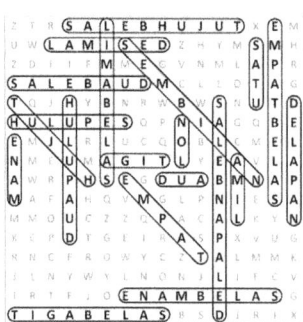

21 - Física

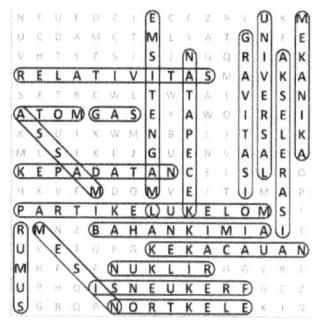

22 - Especiarias

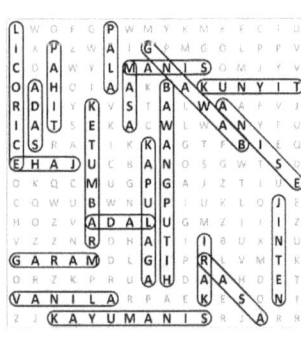

23 - Países #1

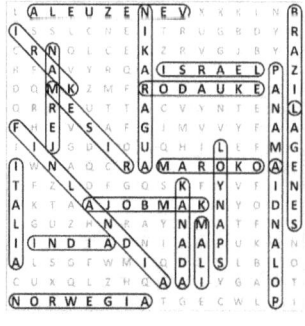

24 - A Mídia

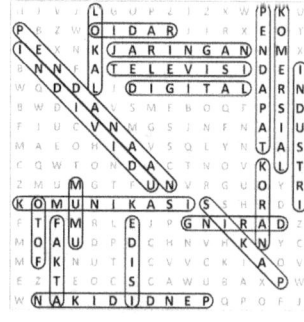

25 - Casa

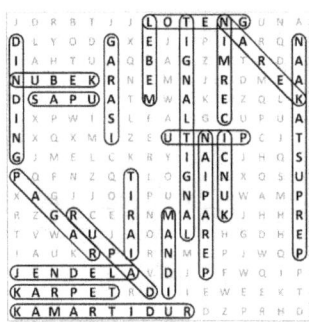

26 - Vegetais

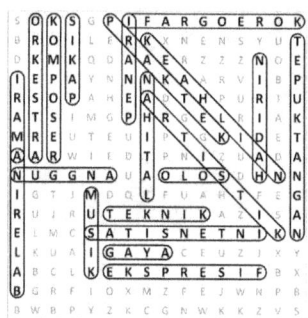

27 - Balé

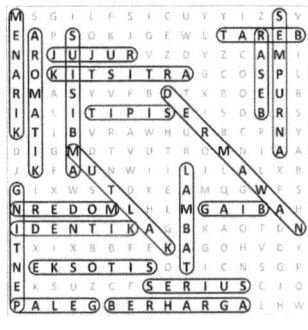

28 - Adjetivos #1

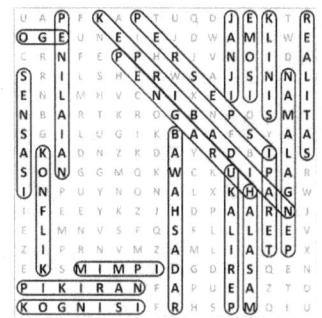

29 - Psicologia

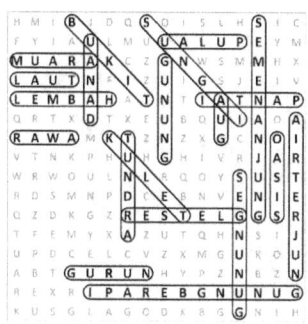

30 - Paisagens

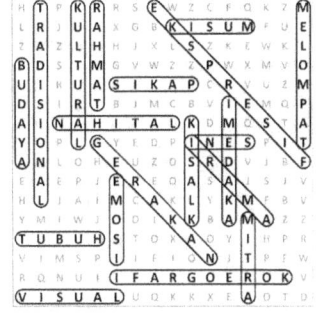

31 - Dança

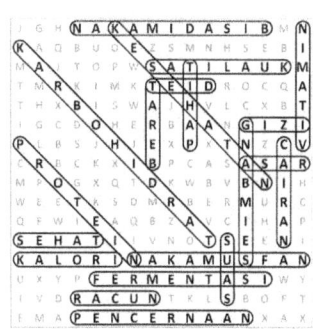

32 - Nutrição

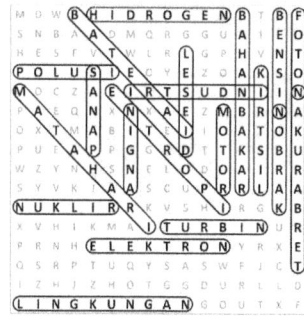

33 - Energia

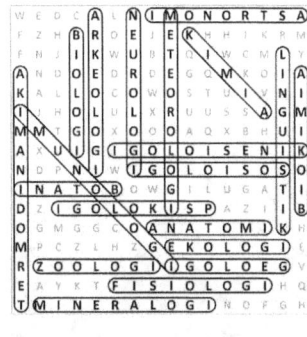

34 - Disciplinas Científicas

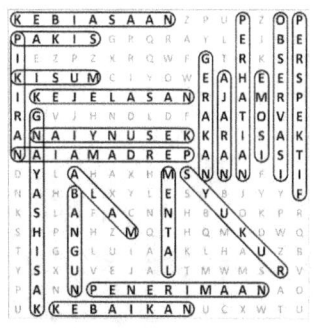

35 - Meditação

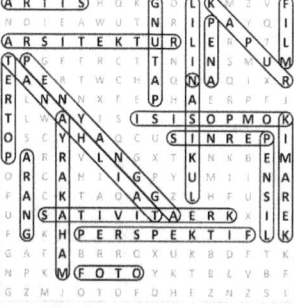

36 - Artes Visuais

37 - Moda

38 - Instrumentos Musicais

39 - Adjetivos #2

40 - Roupas

41 - Herbalismo

42 - Arqueologia

43 - Agronomia

44 - Frutas

45 - Corpo Humano

46 - Caminhada

47 - Biologia

48 - Beleza

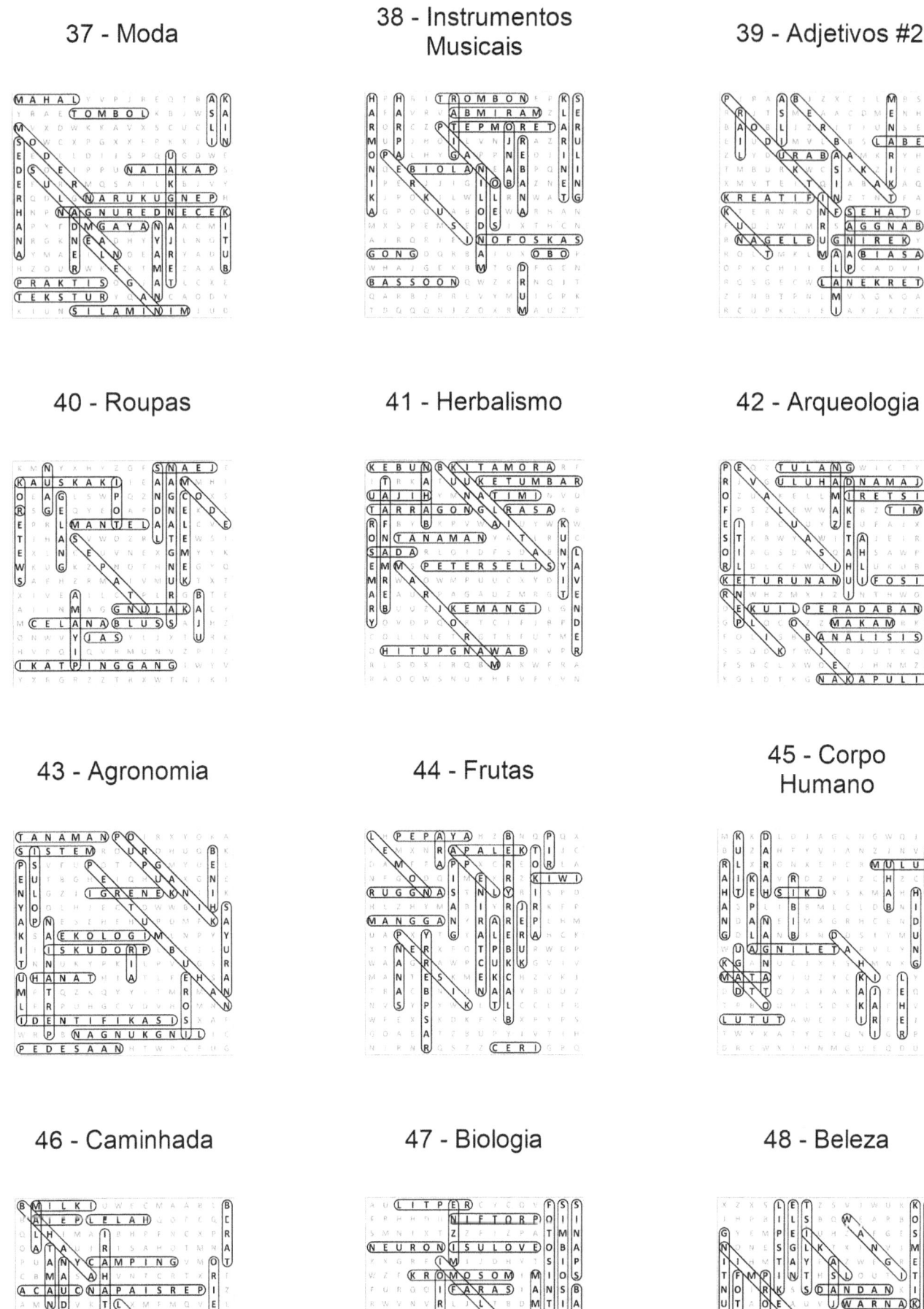

49 - Filantropia

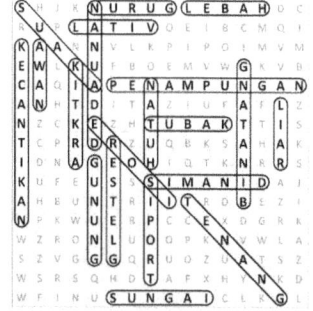

50 - Ecologia

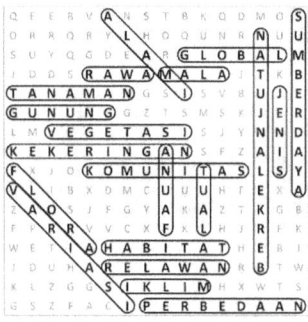

51 - Férias #2

52 - Edifícios

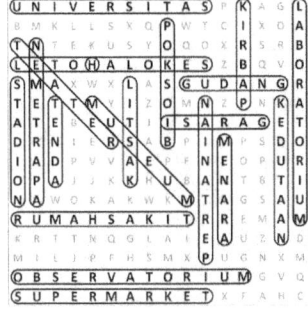

53 - Aventura

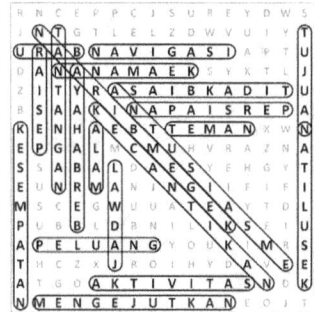

54 - Floresta Tropical

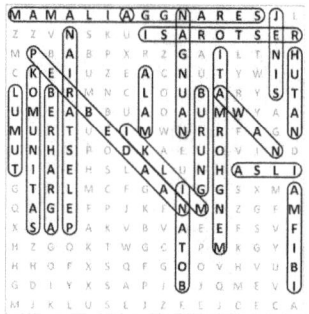

55 - Cidade

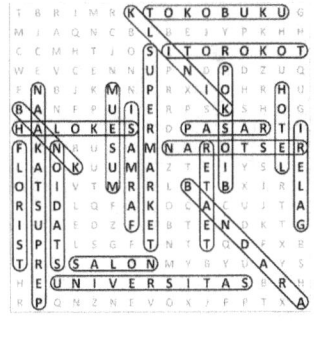

56 - Música

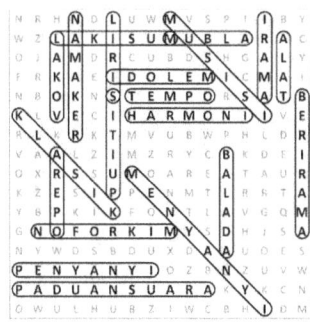

57 - Matemática

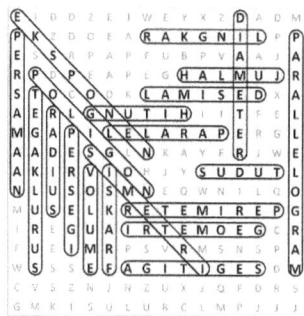

58 - Saúde e Bem Estar #1

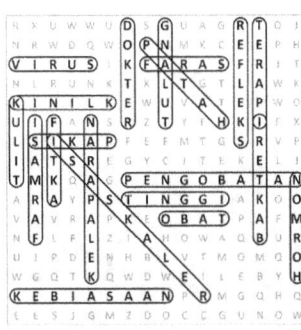

59 - Imigração

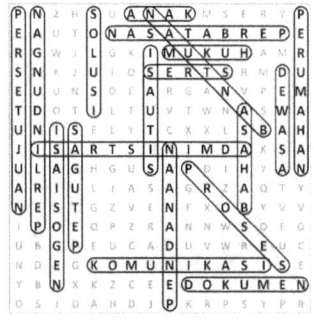

60 - Natureza

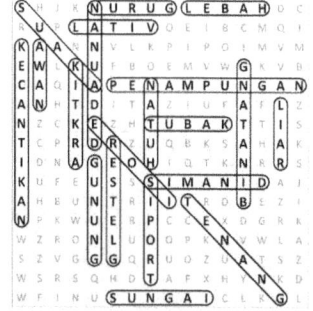

61 - A Empresa

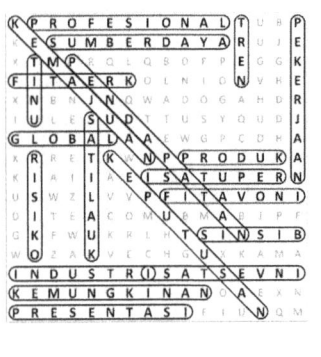

62 - Doença

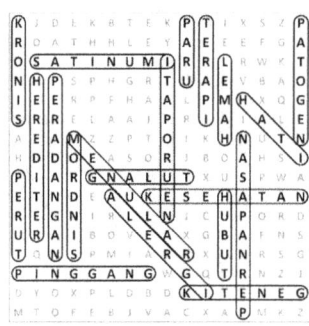

63 - Aquecimento Global

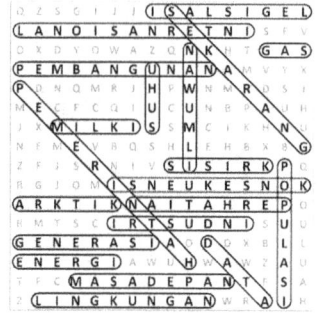

64 - Aviões

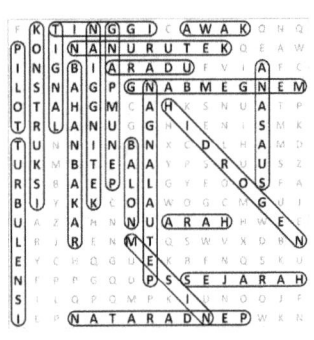

65 - Tipos de Cabelo

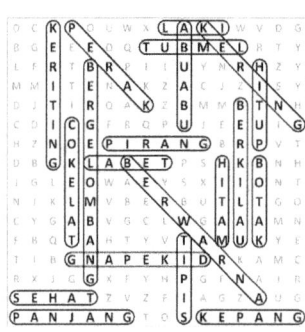

66 - Criatividade

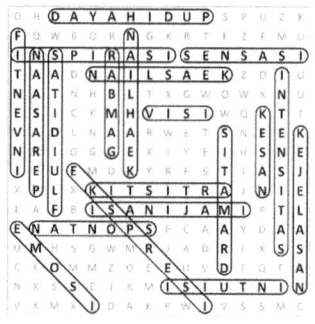

67 - Dias e Meses

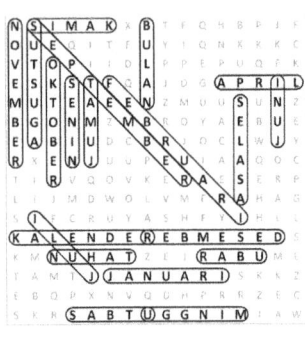

68 - Saúde e Bem Estar #2

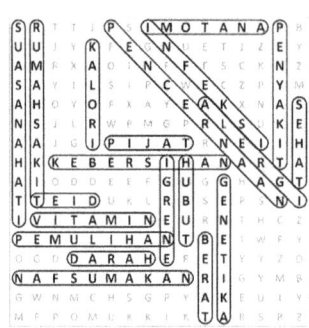

69 - Geografia

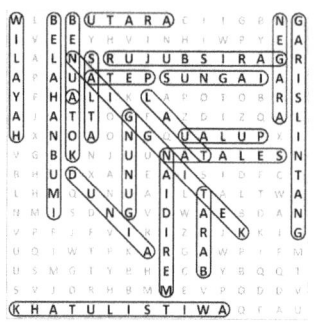

70 - Antártica

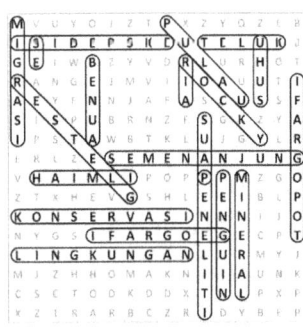

71 - Flores

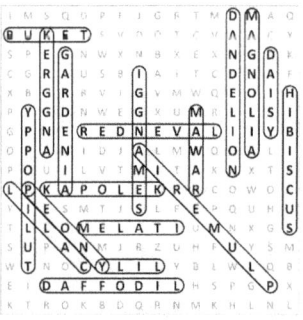

72 - Fazenda #1

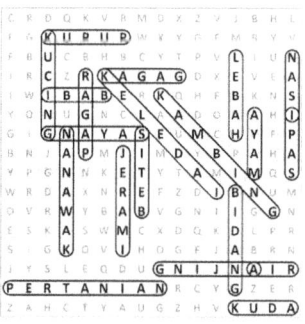

73 - Livros

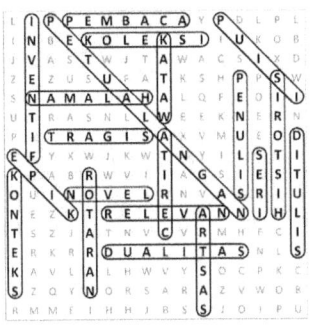

74 - Chocolate

75 - Governo

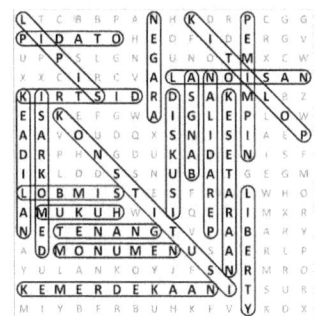

76 - Jardinagem

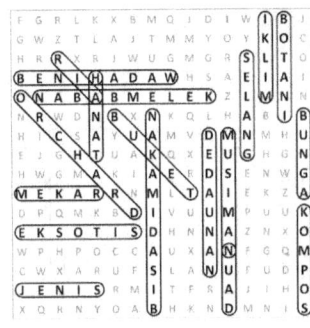

77 - Profissões #2

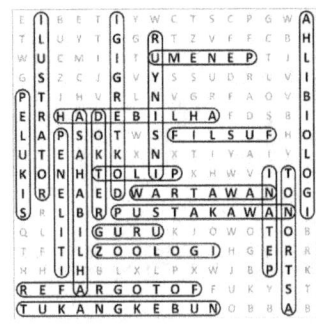

78 - Café

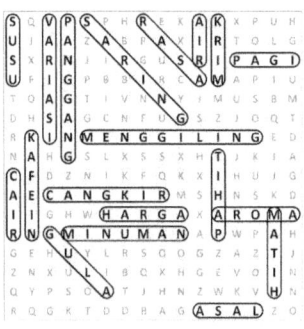

79 - Negócios

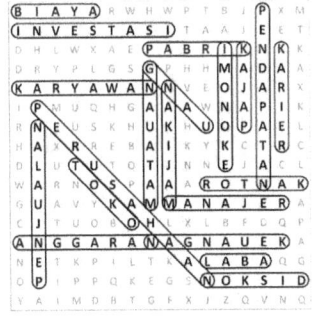

80 - Fazenda #2

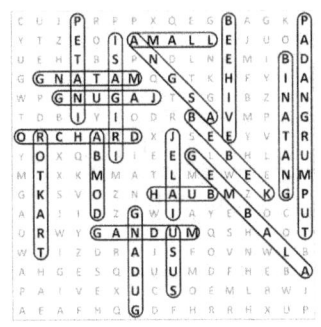

81 - Jardim

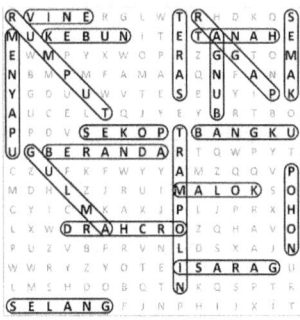

82 - Oceano

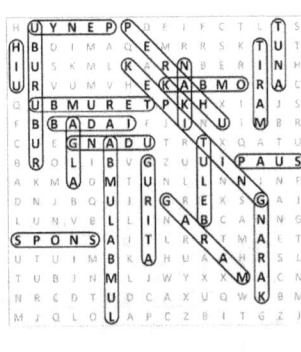

83 - Profissões #1

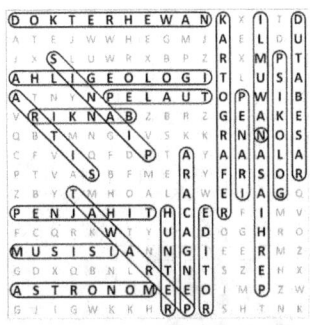

84 - Força e Gravidade

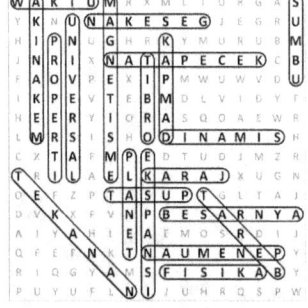

85 - Abelhas

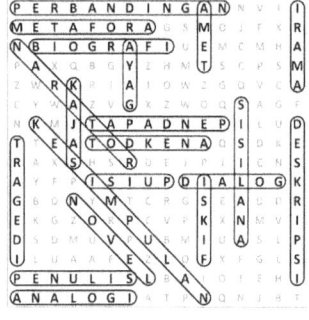

86 - Ciência

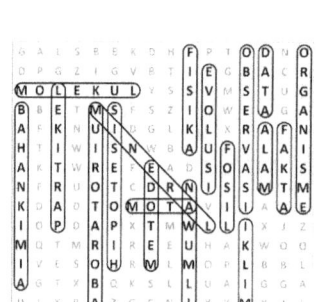

87 - Comida #1

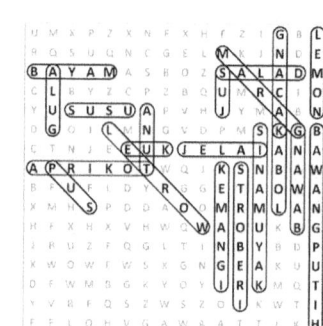

88 - Geometria

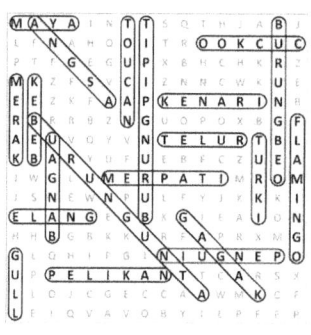

89 - Pássaros

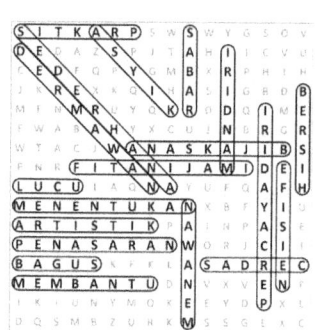

90 - Virtudes #1

91 - Literatura

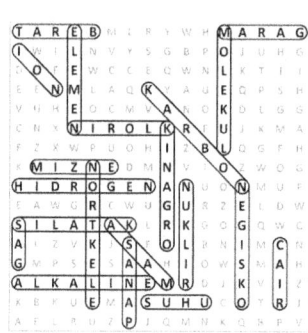

92 - Química

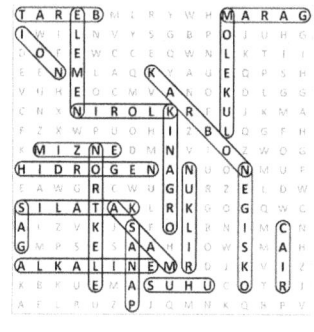

93 - Clima

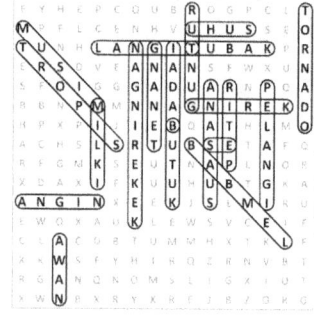

94 - Diplomacia

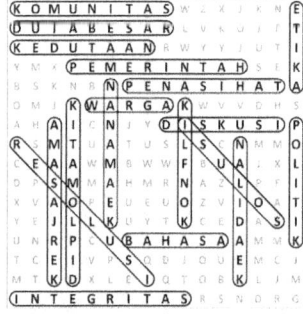

95 - Comida # 2

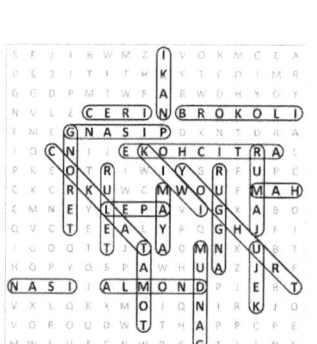

96 - Universo

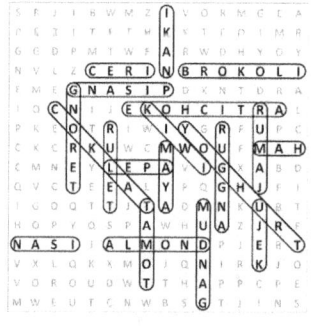
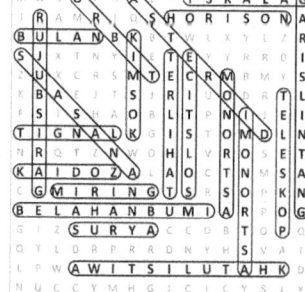

97 - Jazz

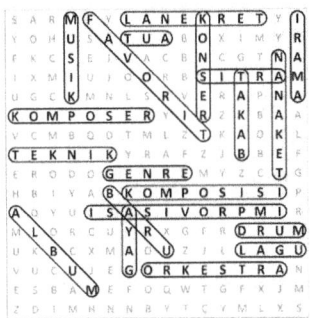

98 - Barcos

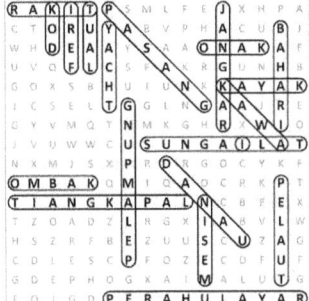

99 - Mamíferos

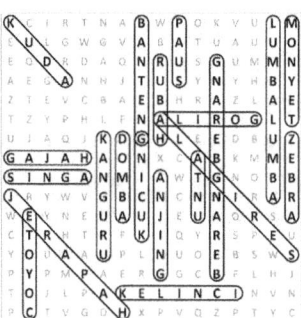

100 - Atividades e Lazer

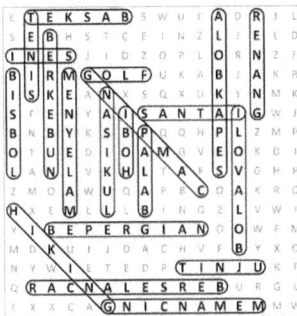

Dicionário

A Empresa
Perusahaan

Apresentação	Presentasi
Criativo	Kreatif
Decisão	Keputusan
Emprego	Pekerjaan
Global	Global
Indústria	Industri
Inovador	Inovatif
Investimento	Investasi
Negócio	Bisnis
Possibilidade	Kemungkinan
Produto	Produk
Profissional	Profesional
Progresso	Kemajuan
Qualidade	Kualitas
Receita	Pendapatan
Recursos	Sumber Daya
Reputação	Reputasi
Riscos	Risiko
Tendências	Tren
Unidades	Unit

A Mídia
Media

Atitudes	Sikap
Comercial	Komersial
Comunicação	Komunikasi
Digital	Digital
Edição	Edisi
Educação	Pendidikan
Fatos	Fakta
Financiamento	Pendanaan
Fotos	Foto
Individual	Individu
Indústria	Industri
Intelectual	Intelektual
Jornais	Koran
Local	Lokal
Online	Daring
Opinião	Pendapat
Público	Umum
Rádio	Radio
Rede	Jaringan
Televisão	Televisi

Abelhas
Lebah

Asas	Sayap
Benéfico	Bermanfaat
Cera	Lilin
Colmeia	Sarang
Diversidade	Perbedaan
Ecossistema	Ekosistem
Enxame	Kawanan
Flor	Mekar
Flores	Bunga
Fruta	Buah
Fumaça	Asap
Habitat	Habitat
Inseto	Serangga
Jardim	Kebun
Mel	Sayang
Plantas	Tanaman
Pólen	Serbuk Sari
Rainha	Ratu
Sol	Matahari

Acampamento
Berkemah

Animais	Binatang
Aventura	Petualangan
Árvores	Pohon
Bússola	Kompas
Cabine	Kabin
Caça	Berburu
Canoa	Kano
Chapéu	Topi
Corda	Tali
Equipamento	Peralatan
Floresta	Hutan
Fogo	Api
Inseto	Serangga
Lago	Danau
Lanterna	Lentera
Lua	Bulan
Mapa	Peta
Montanha	Gunung
Natureza	Alam
Tenda	Tenda

Adjetivos #1
Kata Sifat # 1

Absoluto	Mutlak
Ambicioso	Ambisius
Aromático	Aromatik
Artístico	Artistik
Atraente	Menarik
Enorme	Besar
Escuro	Gelap
Exótico	Eksotis
Fino	Tipis
Generoso	Dermawan
Honesto	Jujur
Idêntico	Identik
Importante	Penting
Lento	Lambat
Misterioso	Gaib
Moderno	Modern
Perfeito	Sempurna
Pesado	Berat
Sério	Serius
Valioso	Berharga

Adjetivos #2
Kata Sifat #2

Autêntico	Asli
Criativo	Kreatif
Descritivo	Deskriptif
Dotado	Berbakat
Elegante	Elegan
Famoso	Terkenal
Forte	Kuat
Grosso	Tebal
Interessante	Menarik
Natural	Alami
Normal	Biasa
Novo	Baru
Orgulhoso	Bangga
Produtivo	Produktif
Puro	Murni
Quente	Panas
Salgado	Asin
Saudável	Sehat
Seco	Kering
Selvagem	Liar

Agronomia
Agronomi

Agricultura	Pertanian
Ambiente	Lingkungan
Água	Air
Ciência	Ilmu
Crescimento	Pertumbuhan
Doenças	Penyakit
Ecologia	Ekologi
Energia	Energi
Erosão	Erosi
Fertilizante	Pupuk
Identificação	Identifikasi
Legumes	Sayuran
Orgânico	Organik
Plantas	Tanaman
Poluição	Polusi
Produção	Produksi
Rural	Pedesaan
Sementes	Benih
Sistemas	Sistem
Solo	Tanah

Antártica
Antartika

Ambiente	Lingkungan
Água	Air
Baía	Teluk
Baleias	Paus
Científico	Ilmiah
Conservação	Konservasi
Continente	Benua
Expedição	Ekspedisi
Geleiras	Gletser
Gelo	Es
Geografia	Geografi
Ilhas	Pulau
Investigador	Peneliti
Migração	Migrasi
Minerais	Mineral
Península	Semenanjung
Pinguins	Penguin
Rochoso	Rocky
Temperatura	Suhu
Topografia	Topografi

Antiguidades
Barang Antik

Arte	Seni
Autêntico	Asli
Decorativo	Dekoratif
Décadas	Dekade
Elegante	Elegan
Entusiasta	Antusias
Escultura	Patung
Estilo	Gaya
Galeria	Galeri
Incomum	Tidak Biasa
Investimento	Investasi
Leilão	Lelang
Mobiliário	Mebel
Moedas	Koin
Preço	Harga
Qualidade	Kualitas
Restauração	Restorasi
Século	Abad
Valor	Nilai
Velho	Tua

Aquecimento Global
Pemanasan Global

Agora	Sekarang
Ambiental	Lingkungan
Atenção	Perhatian
Ártico	Arktik
Cientista	Ilmuwan
Clima	Iklim
Consequências	Konsekuensi
Crise	Krisis
Dados	Data
Desenvolvimento	Pembangunan
Energia	Energi
Futuro	Masa Depan
Gás	Gas
Gerações	Generasi
Governo	Pemerintah
Indústria	Industri
Internacional	Internasional
Legislação	Legislasi
Populações	Populasi
Temperaturas	Suhu

Arqueologia
Arkeologi

Análise	Analisis
Anos	Tahun
Antiguidade	Jaman Dahulu
Avaliação	Evaluasi
Civilização	Peradaban
Descendente	Keturunan
Desconhecido	Diketahui
Equipe	Tim
Era	Zaman
Especialista	Ahli
Esquecido	Dilupakan
Fóssil	Fosil
Investigador	Peneliti
Mistério	Misteri
Objetos	Objek
Ossos	Tulang
Professor	Profesor
Relíquia	Relik
Templo	Kuil
Túmulo	Makam

Artes Visuais
Seni Visual

Argila	Tanah Liat
Arquitetura	Arsitektur
Artista	Artis
Caneta	Pena
Carvão	Arang
Cavalete	Penyangga
Cera	Lilin
Cerâmica	Keramik
Composição	Komposisi
Criatividade	Kreativitas
Escultura	Patung
Filme	Film
Fotografia	Foto
Giz	Kapur
Lápis	Pensil
Obra-Prima	Mahakarya
Perspectiva	Perspektif
Pintura	Lukisan
Retrato	Potret
Verniz	Pernis

Astronomia
Astronomi

Asteróide	Asteroid
Astronauta	Astronot
Astrônomo	Astronom
Céu	Langit
Constelação	Konstelasi
Cosmos	Kosmos
Eclipse	Gerhana
Equinócio	Equinox
Foguete	Roket
Gravidade	Gravitasi
Lua	Bulan
Meteoro	Meteor
Nebulosa	Nebula
Observatório	Observatorium
Planeta	Planet
Radiação	Radiasi
Solar	Surya
Supernova	Supernova
Terra	Bumi
Universo	Alam Semesta

Atividades e Lazer
Aktivitas dan Kenyamanan

Acampamento	Camping
Arte	Seni
Basquete	Basket
Beisebol	Bisbol
Boxe	Tinju
Caminhada	Hiking
Corrida	Balap
Futebol	Sepak Bola
Golfe	Golf
Hobbies	Hobi
Jardinagem	Berkebun
Mergulho	Menyelam
Natação	Renang
Pesca	Memancing
Pintura	Lukisan
Relaxante	Santai
Surfe	Berselancar
Tênis	Tenis
Viagem	Bepergian
Voleibol	Bola Voli

Aventura
Petualangan

Alegria	Kegembiraan
Amigos	Teman
Atividade	Aktivitas
Beleza	Kecantikan
Chance	Kesempatan
Desafios	Tantangan
Destino	Tujuan
Dificuldade	Kesulitan
Entusiasmo	Antusiasme
Excursão	Pesiar
Incomum	Tidak Biasa
Itinerário	Jadwal
Natureza	Alam
Navegação	Navigasi
Novo	Baru
Oportunidade	Peluang
Perigoso	Berbahaya
Preparação	Persiapan
Segurança	Keamanan
Surpreendente	Mengejutkan

Aviões
Pesawat Terbang

Altitude	Ketinggian
Altura	Tinggi
Ar	Udara
Aterrissagem	Pendaratan
Atmosfera	Suasana
Aventura	Petualangan
Balão	Balon
Céu	Langit
Combustível	Bahan Bakar
Construção	Konstruksi
Descida	Keturunan
Direção	Arah
Hidrogênio	Hidrogen
História	Sejarah
Inflar	Mengembang
Motor	Mesin
Passageiro	Penumpang
Piloto	Pilot
Tripulação	Awak
Turbulência	Turbulensi

Álgebra
Aljabar

Diagrama	Diagram
Divisão	Divisi
Equação	Persamaan
Expoente	Eksponen
Falso	Salah
Fator	Faktor
Fórmula	Rumus
Fração	Fraksi
Infinito	Tak Terbatas
Linear	Linear
Matriz	Matriks
Número	Nomor
Parêntese	Kurung
Problema	Masalah
Quantidade	Kuantitas
Solução	Solusi
Soma	Jumlah
Subtração	Pengurangan
Varlável	Variabel
Zero	Nol

Balé
Balet

Aplauso	Tepuk Tangan
Artístico	Artistik
Bailarina	Balerina
Compositor	Komposer
Coreografia	Koreografi
Dançarinos	Penari
Ensaio	Latihan
Estilo	Gaya
Expressivo	Ekspresif
Gesto	Sikap
Gracioso	Anggun
Habilidade	Keahlian
Intensidade	Intensitas
Música	Musik
Orquestra	Orkestra
Prática	Praktek
Público	Hadirin
Ritmo	Irama
Solo	Solo
Técnica	Teknik

Barcos
Perahu

Âncora	Jangkar
Balsa	Feri
Bóia	Pelampung
Caiaque	Kayak
Canoa	Kano
Corda	Tali
Doca	Dok
Iate	Yacht
Jangada	Rakit
Lago	Danau
Mar	Laut
Maré	Pasang
Marinheiro	Pelaut
Mastro	Tiang Kapal
Motor	Mesin
Náutico	Bahari
Ondas	Ombak
Rio	Sungai
Tripulação	Awak
Veleiro	Perahu Layar

Beleza
Kecantikan

Batom	Lipstik
Cachos	Ikal
Charme	Pesona
Cor	Warna
Cosméticos	Kosmetik
Elegante	Elegan
Elegância	Keanggunan
Espelho	Cermin
Estilista	Stylist
Fotogênico	Fotogenik
Fragrância	Wangi
Graça	Rahmat
Maquiagem	Dandan
Óleos	Minyak
Pele	Kulit
Produtos	Produk
Rímel	Maskara
Serviços	Jasa
Tesoura	Gunting
Xampu	Sampo

Biologia
Biologi

Anatomia	Anatomi
Bactérias	Bakteri
Célula	Sel
Colagénio	Kolagen
Cromossoma	Kromosom
Embrião	Embrio
Enzima	Enzim
Evolução	Evolusi
Fotossíntese	Fotosintesis
Hormona	Hormon
Mamífero	Mamalia
Mutação	Mutasi
Natural	Alami
Nervo	Saraf
Neurônio	Neuron
Osmose	Osmosis
Proteína	Protein
Réptil	Reptil
Simbiose	Simbiosis
Sinapse	Sinaps

Café
Kopi

Açúcar	Gula
Amargo	Pahit
Aroma	Aroma
Assado	Panggang
Água	Air
Bebida	Minuman
Cafeína	Kafein
Copa	Cangkir
Creme	Krim
Filtro	Saring
Leite	Susu
Líquido	Cair
Manhã	Pagi
Moer	Menggiling
Origem	Asal
Preço	Harga
Preto	Hitam
Sabor	Rasa
Variedade	Variasi

Caminhada
Mendaki

Acampamento	Camping
Animais	Binatang
Água	Air
Botas	Sepatu Bot
Cansado	Lelah
Clima	Iklim
Guias	Panduan
Mapa	Peta
Montanha	Gunung
Natureza	Alam
Orientação	Orientasi
Parques	Taman
Pedras	Batu
Penhasco	Tebing
Perigos	Bahaya
Pesado	Berat
Preparação	Persiapan
Selvagem	Liar
Sol	Matahari
Tempo	Cuaca

Casa
Rumah

Biblioteca	Perpustakaan
Cerca	Pagar
Chaves	Kunci
Chuveiro	Mandi
Cortinas	Tirai
Cozinha	Dapur
Espelho	Cermin
Garagem	Garasi
Janela	Jendela
Jardim	Kebun
Lareira	Perapian
Mobiliário	Mebel
Parede	Dinding
Porta	Pintu
Quarto	Kamar Tidur
Sótão	Loteng
Tapete	Karpet
Teto	Langit-Langit
Torneira	Keran
Vassoura	Sapu

Chocolate
Cokelat

Açúcar	Gula
Amargo	Pahit
Amendoins	Kacang
Antioxidante	Antioksidan
Aroma	Aroma
Artesanal	Artisanal
Cacau	Kakao
Calorias	Kalori
Caramelo	Karamel
Coco	Kelapa
Delicioso	Lezat
Doce	Manis
Exótico	Eksotis
Favorito	Favorit
Gosto	Rasa
Ingrediente	Bahan
Pó	Bubuk
Qualidade	Kualitas
Receita	Resep

Churrascos
Barbekyu

Almoço	Makan Siang
Convite	Undangan
Crianças	Anak
Facas	Pisau
Família	Keluarga
Fome	Kelaparan
Frango	Ayam
Fruta	Buah
Grelha	Grill
Jantar	Makan Malam
Jogos	Permainan
Legumes	Sayuran
Molho	Saus
Música	Musik
Pimenta	Lada
Quente	Panas
Sal	Garam
Saladas	Salad
Tomates	Tomat
Verão	Musim Panas

Cidade
Kota

Aeroporto	Bandara
Banco	Bank
Biblioteca	Perpustakaan
Cinema	Bioskop
Clínica	Klinik
Escola	Sekolah
Estádio	Stadion
Farmácia	Farmasi
Florista	Florist
Galeria	Galeri
Hotel	Hotel
Livraria	Toko Buku
Mercado	Pasar
Museu	Museum
Padaria	Toko Roti
Restaurante	Restoran
Salão	Salon
Supermercado	Supermarket
Teatro	Teater
Universidade	Universitas

Ciência
Sains

Átomo	Atom
Cientista	Ilmuwan
Clima	Iklim
Dados	Data
Evolução	Evolusi
Fato	Fakta
Física	Fisika
Fóssil	Fosil
Gravidade	Gravitasi
Hipótese	Hipotesis
Laboratório	Laboratorium
Método	Metode
Minerais	Mineral
Moléculas	Molekul
Natureza	Alam
Observação	Observasi
Organismo	Organisme
Partículas	Partikel
Plantas	Tanaman
Químico	Bahan Kimia

Clima
Cuaca

Arco-Íris	Pelangi
Atmosfera	Suasana
Calmo	Tenang
Céu	Langit
Clima	Iklim
Gelo	Es
Monção	Musim
Nevoeiro	Kabut
Nuvem	Awan
Polar	Kutub
Relâmpago	Petir
Seca	Kekeringan
Seco	Kering
Temperatura	Suhu
Tempestade	Badai
Tornado	Tornado
Tropical	Tropis
Trovão	Guntur
Úmido	Lembab
Vento	Angin

Comida # 2
Makanan # 2

Alcachofra	Artichoke
Amêndoa	Almond
Arroz	Nasi
Banana	Pisang
Beringela	Terong
Brócolis	Brokoli
Cereja	Ceri
Chocolate	Coklat
Cogumelo	Jamur
Frango	Ayam
Iogurte	Yoghurt
Kiwi	Kiwi
Maçã	Apel
Ovo	Telur
Peixe	Ikan
Presunto	Ham
Queijo	Keju
Tomate	Tomat
Trigo	Gandum
Uva	Anggur

Comida #1
Makanan # 1

Açúcar	Gula
Alho	Bawang Putih
Amendoim	Kacang
Atum	Tuna
Bolo	Kue
Canela	Kayu Manis
Cebola	Bawang
Cenoura	Wortel
Cevada	Jelai
Damasco	Aprikot
Espinafre	Bayam
Leite	Susu
Limão	Lemon
Manjericão	Kemangi
Morango	Stroberi
Nabo	Lobak
Sal	Garam
Salada	Salad
Sopa	Sup
Suco	Jus

Corpo Humano
Tubuh Manusia

Boca	Mulut
Cabeça	Kepala
Cérebro	Otak
Coração	Hati
Cotovelo	Siku
Dedo	Jari
Joelho	Lutut
Lábios	Bibir
Mandíbula	Rahang
Mão	Tangan
Nariz	Hidung
Olho	Mata
Ombro	Bahu
Orelha	Telinga
Pele	Kulit
Perna	Kaki
Pescoço	Leher
Queixo	Dagu
Sangue	Darah
Testa	Dahi

Criatividade
Kreativitas

Artístico	Artistik
Autenticidade	Keaslian
Clareza	Kejelasan
Dramático	Dramatis
Emoções	Emosi
Espontânea	Spontan
Expressão	Ekspresi
Fluidez	Fluiditas
Habilidade	Keahlian
Imagem	Gambar
Imaginação	Imajinasi
Impressão	Kesan
Inspiração	Inspirasi
Intensidade	Intensitas
Intuição	Intuisi
Inventivo	Inventif
Sensação	Sensasi
Sentimentos	Perasaan
Visões	Visi
Vitalidade	Daya Hidup

Dança
Menari

Academia	Akademi
Arte	Seni
Clássico	Klasik
Coreografia	Koreografi
Corpo	Tubuh
Cultura	Budaya
Cultural	Kultural
Emoção	Emosi
Ensaio	Latihan
Expressivo	Ekspresif
Graça	Rahmat
Movimento	Gerakan
Música	Musik
Parceiro	Mitra
Postura	Sikap
Ritmo	Irama
Saltar	Melompat
Tradicional	Tradisional
Visual	Visual

Dias e Meses
Hari dan Bulan

Abril	April
Agosto	Agustus
Ano	Tahun
Calendário	Kalender
Dezembro	Desember
Domingo	Minggu
Fevereiro	Februari
Janeiro	Januari
Julho	Juli
Junho	Juni
Mês	Bulan
Novembro	November
Outubro	Oktober
Quarta-Feira	Rabu
Quinta-Feira	Kamis
Sábado	Sabtu
Segunda-Feira	Senin
Setembro	September
Sexta-Feira	Jumat
Terça	Selasa

Diplomacia
Diplomasi

Cidadãos	Warga
Comunidade	Komunitas
Conflito	Konflik
Consultor	Penasihat
Cooperação	Kerja Sama
Diplomático	Diplomatik
Discussão	Diskusi
Embaixada	Kedutaan
Embaixador	Duta Besar
Ética	Etika
Governo	Pemerintah
Humanitário	Kemanusiaan
Integridade	Integritas
Justiça	Keadilan
Línguas	Bahasa
Política	Politik
Resolução	Resolusi
Segurança	Keamanan
Solução	Solusi
Tratado	Perjanjian

Dirigindo
Mengemudi

Acidente	Kecelakaan
Caminhão	Truk
Carro	Mobil
Combustível	Bahan Bakar
Cuidado	Hati
Estrada	Jalan
Freios	Rem
Garagem	Garasi
Gás	Gas
Licença	Lisensi
Mapa	Peta
Motocicleta	Sepeda Motor
Motor	Motor
Pedestre	Pejalan Kaki
Perigo	Bahaya
Polícia	Polisi
Segurança	Keamanan
Transporte	Transportasi
Tráfego	Lalu Lintas
Túnel	Terowongan

Disciplinas Científicas
Disiplin Ilmiah

Anatomia	Anatomi
Arqueologia	Arkeologi
Astronomia	Astronomi
Biologia	Biologi
Bioquímica	Biokimia
Botânica	Botani
Cinesiologia	Kinesiologi
Ecologia	Ekologi
Fisiologia	Fisiologi
Geologia	Geologi
Imunologia	Imunologi
Linguística	Linguistik
Meteorologia	Meteorologi
Mineralogia	Mineralogi
Neurologia	Neurologi
Psicologia	Psikologi
Química	Kimia
Sociologia	Sosiologi
Termodinâmica	Termodinamika
Zoologia	Zoologi

Doença
Penyakit

Abdominal	Perut
Alergias	Alergi
Contagioso	Menular
Coração	Hati
Corpo	Tubuh
Crônica	Kronis
Fraco	Lemah
Genético	Genetik
Hereditário	Herediter
Imunidade	Imunitas
Inflamação	Peradangan
Lombar	Pinggang
Neuropatia	Neuropati
Ossos	Tulang
Patógenos	Patogen
Pulmonar	Paru
Respiratório	Pernapasan
Saúde	Kesehatan
Síndrome	Sindrom
Terapia	Terapi

Ecologia
Ekologi

Clima	Iklim
Comunidades	Komunitas
Diversidade	Perbedaan
Espécies	Jenis
Fauna	Fauna
Flora	Flora
Global	Global
Habitat	Habitat
Marinho	Laut
Montanhas	Gunung
Natural	Alami
Natureza	Alam
Pântano	Rawa
Plantas	Tanaman
Recursos	Sumber Daya
Seca	Kekeringan
Sustentável	Berkelanjutan
Variedade	Variasi
Vegetação	Vegetasi
Voluntários	Relawan

Edifícios
Bangunan

Apartamento	Apartemen
Castelo	Kastil
Celeiro	Gudang
Cinema	Bioskop
Embaixada	Kedutaan
Escola	Sekolah
Estádio	Stadion
Fazenda	Pertanian
Fábrica	Pabrik
Garagem	Garasi
Hospital	Rumah Sakit
Hotel	Hotel
Laboratório	Laboratorium
Museu	Museum
Observatório	Observatorium
Supermercado	Supermarket
Teatro	Teater
Tenda	Tenda
Torre	Menara
Universidade	Universitas

Energia
Energi

Ambiente	Lingkungan
Bateria	Baterai
Calor	Panas
Carbono	Karbon
Combustível	Bahan Bakar
Diesel	Diesel
Elétrico	Listrik
Elétron	Elektron
Entropia	Entropi
Fóton	Foton
Gasolina	Bensin
Hidrogênio	Hidrogen
Indústria	Industri
Motor	Motor
Nuclear	Nuklir
Poluição	Polusi
Renovável	Terbarukan
Sol	Matahari
Turbina	Turbin
Vento	Angin

Engenharia
Rekayasa

Atrito	Gesekan
Ângulo	Sudut
Cálculo	Kalkulasi
Construção	Konstruksi
Diagrama	Diagram
Diâmetro	Diameter
Diesel	Diesel
Dimensões	Dimensi
Distribuição	Distribusi
Eixo	Sumbu
Energia	Energi
Estabilidade	Stabilitas
Estrutura	Struktur
Força	Kekuatan
Líquido	Cair
Máquina	Mesin
Medição	Pengukuran
Motor	Motor
Profundidade	Kedalaman
Propulsão	Propulsi

Especiarias
Rempah-Rempah

Açafrão	Kunyit
Alcaçuz	Licorice
Alho	Bawang Putih
Amargo	Pahit
Anis	Anise
Azedo	Asam
Baunilha	Vanila
Canela	Kayu Manis
Cardamomo	Kapulaga
Caril	Kari
Cebola	Bawang
Coentro	Ketumbar
Cominho	Jinten
Doce	Manis
Funcho	Adas
Gengibre	Jahe
Noz-Moscada	Pala
Pimenta	Lada
Sabor	Rasa
Sal	Garam

Ética
Etika

Altruísmo	Altruisme
Bondade	Kebaikan
Compaixão	Kasih Sayang
Cooperação	Kerja Sama
Dignidade	Martabat
Diplomático	Diplomatik
Filosofia	Filsafat
Honestidade	Kejujuran
Humanidade	Kemanusiaan
Integridade	Integritas
Otimismo	Optimisme
Paciência	Kesabaran
Racionalidade	Rasionalitas
Razoável	Wajar
Realismo	Realisme
Respeitoso	Hormat
Sabedoria	Kebijaksanaan
Tolerância	Toleransi
Valores	Nilai

Fazenda #1
Peternakan #1

Abelha	Lebah
Agricultura	Pertanian
Arroz	Nasi
Água	Air
Bezerro	Betis
Burro	Keledai
Cabra	Kambing
Campo	Bidang
Cavalo	Kuda
Cão	Anjing
Cerca	Pagar
Corvo	Gagak
Feno	Jerami
Fertilizante	Pupuk
Frango	Ayam
Gato	Kucing
Mel	Sayang
Porco	Babi
Rebanho	Kawanan
Vaca	Sapi

Fazenda #2
Peternakan #2

Agricultor	Petani
Animais	Binatang
Celeiro	Gudang
Cevada	Jelai
Colmeia	Beehive
Fruta	Buah
Ganso	Angsa
Irrigação	Irigasi
Leite	Susu
Lhama	Llama
Maduro	Matang
Milho	Jagung
Ovelha	Domba
Pastor	Gembala
Pato	Bebek
Pomar	Orchard
Prado	Padang Rumput
Trator	Traktor
Trigo	Gandum
Vegetal	Sayur-Mayur

Férias #2
Liburan #2

Aeroporto	Bandara
Destino	Tujuan
Estrangeiro	Orang Asing
Feriado	Liburan
Fotos	Foto
Hotel	Hotel
Ilha	Pulau
Lazer	Rekreasi
Mapa	Peta
Mar	Laut
Montanhas	Gunung
Passaporte	Paspor
Praia	Pantai
Reservas	Reservasi
Restaurante	Restoran
Táxi	Taksi
Tenda	Tenda
Transporte	Transportasi
Viagem	Perjalanan
Visto	Visa

Ficção Científica
Fiksi Ilmiah

Atómico	Atom
Cinema	Bioskop
Distante	Jauh
Distopia	Distopia
Explosão	Ledakan
Extremo	Ekstrem
Fantástico	Fantastis
Fogo	Api
Futurista	Futuristik
Galáxia	Galaksi
Ilusão	Ilusi
Imaginário	Imajiner
Livros	Buku
Misterioso	Gaib
Mundo	Dunia
Oráculo	Oracle
Planeta	Planet
Robôs	Robot
Tecnologia	Teknologi
Utopia	Utopia

Filantropia
Kedermawanan

Caridade	Amal
Comunidade	Komunitas
Contatos	Kontak
Crianças	Anak
Desafios	Tantangan
Doar	Menyumbangkan
Finança	Keuangan
Fundos	Dana
Global	Global
Grupos	Kelompok
História	Sejarah
Honestidade	Kejujuran
Humanidade	Kemanusiaan
Juventude	Pemuda
Missão	Misi
Necessidade	Membutuhkan
Objetivos	Tujuan
Pessoas	Rakyat
Programas	Program
Público	Umum

Física
Fisika

Aceleração	Akselerasi
Átomo	Atom
Caos	Kekacauan
Densidade	Kepadatan
Elétron	Elektron
Fórmula	Rumus
Frequência	Frekuensi
Gás	Gas
Gravidade	Gravitasi
Magnetismo	Magnetisme
Massa	Massa
Mecânica	Mekanika
Molécula	Molekul
Motor	Mesin
Nuclear	Nuklir
Partícula	Partikel
Químico	Bahan Kimia
Relatividade	Relativitas
Universal	Universal
Velocidade	Kecepatan

Flores
Bunga-Bunga

Buquê	Buket
Dente-De-Leão	Dandelion
Gardênia	Gardenia
Hibisco	Hibiscus
Jasmim	Melati
Lavanda	Lavender
Lilás	Lilac
Lírio	Lily
Magnólia	Magnolia
Margarida	Daisy
Narciso	Daffodil
Orquídea	Anggrek
Papoula	Poppy
Peônia	Peony
Pétala	Kelopak
Plumeria	Plumeria
Rosa	Mawar
Trevo	Semanggi
Tulipa	Tulip

Floresta Tropical
Hutan Hujan

Anfíbios	Amfibi
Botânico	Botani
Clima	Iklim
Comunidade	Komunitas
Diversidade	Perbedaan
Espécies	Jenis
Indígena	Asli
Insetos	Serangga
Mamíferos	Mamalia
Musgo	Lumut
Natureza	Alam
Nuvens	Awan
Pássaros	Burung
Preservação	Pelestarian
Refúgio	Naungan
Respeito	Menghormati
Restauração	Restorasi
Selva	Hutan
Valioso	Berharga

Força e Gravidade
Gaya dan Gravitasi

Atrito	Gesekan
Centro	Pusat
Descoberta	Penemuan
Dinâmico	Dinamis
Distância	Jarak
Eixo	Sumbu
Expansão	Ekspansi
Física	Fisika
Impacto	Dampak
Magnetismo	Magnetisme
Magnitude	Besarnya
Mecânica	Mekanika
Órbita	Orbit
Peso	Berat
Planetas	Planet
Pressão	Tekanan
Propriedades	Properti
Rapidez	Kecepatan
Tempo	Waktu
Universal	Universal

Frutas
Buah

Abacate	Alpukat
Abacaxi	Nanas
Amora	Blackberry
Baga	Berry
Banana	Pisang
Cereja	Ceri
Coco	Kelapa
Damasco	Aprikot
Figo	Ara
Framboesa	Raspberry
Kiwi	Kiwi
Laranja	Jeruk
Limão	Lemon
Maçã	Apel
Mamão	Pepaya
Manga	Mangga
Nectarina	Nectarine
Pera	Pir
Pêssego	Persik
Uva	Anggur

Geografia
Geografi

Altitude	Ketinggian
Atlas	Atlas
Cidade	Kota
Continente	Benua
Equador	Khatulistiwa
Hemisfério	Belahan Bumi
Ilha	Pulau
Latitude	Garis Lintang
Longitude	Garis Bujur
Mapa	Peta
Mar	Laut
Meridiano	Meridian
Montanha	Gunung
Mundo	Dunia
Norte	Utara
Oeste	Barat
País	Negara
Rio	Sungai
Sul	Selatan
Território	Wilayah

Geologia
Geologi

Ácido	Asam
Camada	Lapisan
Caverna	Gua
Cálcio	Kalsium
Ciclos	Siklus
Continente	Benua
Coral	Karang
Cristais	Kristal
Erosão	Erosi
Estalactite	Stalaktit
Estalagmites	Stalagmit
Fóssil	Fosil
Lava	Lahar
Minerais	Mineral
Pedra	Batu
Quartzo	Kuarsa
Sal	Garam
Terremoto	Gempa Bumi
Vulcão	Gunung Berapi
Zona	Zona

Geometria
Geometri

Altura	Tinggi
Ângulo	Sudut
Cálculo	Kalkulasi
Círculo	Lingkaran
Curva	Kurva
Diâmetro	Diameter
Dimensão	Dimensi
Equação	Persamaan
Horizontal	Horisontal
Lógica	Logika
Massa	Massa
Mediana	Median
Paralelo	Paralel
Proporção	Proporsi
Segmento	Segmen
Simetria	Simetri
Superfície	Permukaan
Teoria	Teori
Triângulo	Segitiga
Vertical	Vertikal

Governo
Pemerintah

Civil	Sipil
Constituição	Konstitusi
Democracia	Demokrasi
Discurso	Pidato
Discussão	Diskusi
Distrito	Distrik
Estado	Negara
Igualdade	Kesetaraan
Independência	Kemerdekaan
Judicial	Peradilan
Justiça	Keadilan
Lei	Hukum
Liberdade	Liberty
Líder	Pemimpin
Monumento	Monumen
Nacional	Nasional
Nação	Bangsa
Pacífico	Tenang
Política	Politik
Símbolo	Simbol

Herbalismo
Herbalisme

Açafrão	Kunyit
Alecrim	Rosemary
Alho	Bawang Putih
Aromático	Aromatik
Benéfico	Bermanfaat
Coentro	Ketumbar
Estragão	Tarragon
Flor	Bunga
Funcho	Adas
Ingrediente	Bahan
Jardim	Kebun
Lavanda	Lavender
Manjericão	Kemangi
Manjerona	Marjoram
Planta	Tanaman
Qualidade	Kualitas
Sabor	Rasa
Salsa	Peterseli
Tomilho	Timi
Verde	Hijau

Imigração
Imigrasi

Administração	Administrasi
Adultos	Dewasa
Ajuda	Bantuan
Aprovação	Persetujuan
Comunicação	Komunikasi
Crianças	Anak
Documentos	Dokumen
Estresse	Stres
Financiamento	Pendanaan
Fronteiras	Perbatasan
Habitação	Perumahan
Lei	Hukum
Língua	Bahasa
Negociação	Negosiasi
Oficial	Petugas
Processo	Proses
Proteção	Perlindungan
Situação	Situasi
Solução	Solusi

Instrumentos Musicais
Instrumen Musik

Bandolim	Mandolin
Banjo	Banjo
Clarinete	Klarinet
Fagote	Bassoon
Flauta	Seruling
Gaita	Harmonika
Gongo	Gong
Harpa	Harpa
Marimba	Marimba
Oboé	Obo
Pandeiro	Rebana
Percussão	Perkusi
Piano	Piano
Saxofone	Saksofon
Tambor	Drum
Trombone	Trombon
Trompete	Terompet
Violão	Gitar
Violino	Biola
Violoncelo	Selo

Jardim
Taman

Ancinho	Menyapu
Arbusto	Semak
Árvore	Pohon
Banco	Bangku
Cerca	Pagar
Ervas Daninhas	Gulma
Flor	Bunga
Garagem	Garasi
Grama	Rumput
Jardim	Kebun
Lagoa	Kolam
Mangueira	Selang
Pá	Sekop
Pomar	Orchard
Solo	Tanah
Terraço	Teras
Trampolim	Trampolin
Varanda	Beranda
Videira	Vine

Jardinagem
Berkebun.

Água	Air
Botânico	Botani
Buquê	Buket
Clima	Iklim
Comestível	Bisa Dimakan
Composto	Kompos
Espécies	Jenis
Exótico	Eksotis
Flor	Mekar
Floral	Bunga
Folha	Daun
Folhagem	Dedaunan
Mangueira	Selang
Pomar	Orchard
Recipiente	Wadah
Sazonal	Musiman
Sementes	Benih
Sujeira	Tanah
Umidade	Kelembaban

Jazz
Jazz

Artista	Artis
Álbum	Album
Bateria	Drum
Canção	Lagu
Composição	Komposisi
Compositor	Komposer
Concerto	Konser
Estilo	Gaya
Ênfase	Tekanan
Famoso	Terkenal
Favoritos	Favorit
Gênero	Genre
Improvisação	Improvisasi
Música	Musik
Novo	Baru
Orquestra	Orkestra
Ritmo	Irama
Talento	Bakat
Técnica	Teknik
Velho	Tua

Literatura
Literatur

Analogia	Analogi
Análise	Analisis
Anedota	Anekdot
Autor	Penulis
Biografia	Biografi
Comparação	Perbandingan
Conclusão	Kesimpulan
Descrição	Deskripsi
Diálogo	Dialog
Estilo	Gaya
Ficção	Fiksi
Metáfora	Metafora
Narrador	Narator
Opinião	Pendapat
Poema	Puisi
Rima	Sajak
Ritmo	Irama
Romance	Novel
Tema	Tema
Tragédia	Tragedi

Livros
Buku-Buku

Autor	Penulis
Aventura	Petualangan
Coleção	Koleksi
Contexto	Konteks
Dualidade	Dualitas
Escrito	Ditulis
Épico	Epik
História	Cerita
Histórico	Historis
Inventivo	Inventif
Leitor	Pembaca
Literário	Sastra
Narrador	Narator
Página	Halaman
Personagem	Watak
Poesia	Puisi
Relevante	Relevan
Romance	Novel
Série	Seri
Trágico	Tragis

Mamíferos
Mamalia

Baleia	Paus
Camelo	Unta
Canguru	Kanguru
Castor	Berang-Berang
Cavalo	Kuda
Cão	Anjing
Coelho	Kelinci
Coiote	Coyote
Elefante	Gajah
Gato	Kucing
Girafa	Jerapah
Golfinho	Lumba-Lumba
Gorila	Gorila
Leão	Singa
Lobo	Serigala
Macaco	Monyet
Ovelha	Domba
Raposa	Rubah
Touro	Banteng
Zebra	Zebra

Matemática
Matematika

Aritmética	Hitung
Ângulos	Sudut
Circunferência	Lingkar
Decimal	Desimal
Diâmetro	Diameter
Equação	Persamaan
Expoente	Eksponen
Fração	Fraksi
Geometria	Geometri
Paralelo	Paralel
Paralelogramo	Parallelogram
Perímetro	Perimeter
Perpendicular	Tegak Lurus
Polígono	Poligon
Quadrado	Persegi
Raio	Radius
Simetria	Simetri
Soma	Jumlah
Triângulo	Segitiga
Volume	Volume

Material de Arte
Perlengkapan Seni

Acrílico	Akrilik
Apagador	Penghapus
Aquarelas	Cat Air
Argila	Tanah Liat
Água	Air
Cadeira	Kursi
Carvão	Arang
Cavalete	Easel
Câmera	Kamera
Cola	Lem
Cores	Warna
Criatividade	Kreativitas
Escovas	Sikat
Lápis	Pensil
Mesa	Meja
Óleo	Minyak
Papel	Kertas
Pastels	Pastel
Tinta	Tinta
Tintas	Cat

Medições
Pengukuran

Altura	Tinggi
Byte	Byte
Centímetro	Sentimeter
Comprimento	Panjang
Decimal	Desimal
Grama	Gram
Grau	Derajat
Largura	Lebar
Litro	Liter
Massa	Massa
Metro	Meter
Minuto	Menit
Onça	Ons
Peso	Berat
Polegada	Inci
Profundidade	Kedalaman
Quilograma	Kilogram
Quilômetro	Kilometer
Tonelada	Ton
Volume	Volume

Meditação
Meditasi

Aceitação	Penerimaan
Acordado	Bangun
Atenção	Perhatian
Bondade	Kebaikan
Clareza	Kejelasan
Compaixão	Kasih Sayang
Emoções	Emosi
Ensinamentos	Ajaran
Gratidão	Syukur
Hábitos	Kebiasaan
Mental	Mental
Mente	Pikiran
Movimento	Gerakan
Música	Musik
Natureza	Alam
Observação	Observasi
Paz	Perdamaian
Perspectiva	Perspektif
Postura	Sikap
Silêncio	Kesunyian

Mitologia
Mitologi

Arquétipo	Pola Dasar
Ciúmes	Kecemburuan
Comportamento	Perilaku
Crenças	Keyakinan
Criação	Penciptaan
Criatura	Makhluk
Cultura	Budaya
Desastre	Bencana
Força	Kekuatan
Guerreiro	Pejuang
Herói	Pahlawan
Imortalidade	Keabadian
Labirinto	Labirin
Lenda	Legenda
Mágico	Gaib
Monstro	Rakasa
Mortal	Fana
Relâmpago	Petir
Trovão	Guntur
Vingança	Balas Dendam

Moda
Fashion

Acessível	Terjangkau
Bordado	Sulaman
Botões	Tombol
Boutique	Butik
Caro	Mahal
Confortável	Nyaman
Elegante	Elegan
Estilo	Gaya
Medidas	Pengukuran
Minimalista	Minimalis
Moderno	Modern
Modesto	Sederhana
Original	Asli
Prático	Praktis
Renda	Renda
Roupa	Pakaian
Tecido	Kain
Tendência	Kecenderungan
Textura	Tekstur

Música
Musik

Álbum	Album
Balada	Balada
Cantar	Menyanyi
Cantor	Penyanyi
Clássico	Klasik
Coro	Paduan Suara
Gravação	Rekaman
Harmonia	Harmoni
Instrumento	Alat
Lírico	LIris
Melodia	Melodi
Microfone	Mikrofon
Musical	Musikal
Músico	Musisi
Ópera	Opera
Poético	Puitis
Ritmo	Irama
Rítmico	Berirama
Tempo	Tempo
Vocal	Vokal

Natureza
Alam

Abelhas	Lebah
Abrigo	Penampungan
Animais	Binatang
Ártico	Arktik
Beleza	Kecantikan
Deserto	Gurun
Dinâmico	Dinamis
Erosão	Erosi
Floresta	Hutan
Folhagem	Dedaunan
Geleira	Gletser
Montanhas	Gunung
Nevoeiro	Kabut
Nuvens	Awan
Pacífico	Tenang
Rio	Sungai
Santuário	Suaka
Selvagem	Liar
Tropical	Tropis
Vital	Vital

Negócios
Bisnis

Carreira	Karier
Custo	Biaya
Desconto	Diskon
Dinheiro	Uang
Economia	Ekonomi
Empregado	Karyawan
Empregador	Majikan
Empresa	Perusahaan
Escritório	Kantor
Fábrica	Pabrik
Finança	Keuangan
Gerente	Manajer
Impostos	Pajak
Investimento	Investasi
Loja	Toko
Lucro	Laba
Moeda	Mata Uang
Orçamento	Anggaran
Rendimento	Pendapatan
Venda	Penjualan

Nutrição
Nutrisi

Amargo	Pahit
Apetite	Nafsu Makan
Calorias	Kalori
Carboidratos	Karbohidrat
Comestível	Bisa Dimakan
Dieta	Diet
Digestão	Pencernaan
Equilibrado	Seimbang
Fermentação	Fermentasi
Líquidos	Cairan
Molho	Saus
Nutriente	Gizi
Peso	Berat
Proteínas	Protein
Qualidade	Kualitas
Sabor	Rasa
Saudável	Sehat
Saúde	Kesehatan
Toxina	Racun
Vitamina	Vitamin

Números
Angka

Cinco	Lima
Decimal	Desimal
Dez	Sepuluh
Dezesseis	Enam Belas
Dezessete	Tujuh Belas
Dezoito	Delapan Belas
Dois	Dua
Doze	Dua Belas
Nove	Sembilan
Oito	Delapan
Quatorze	Empat Belas
Quatro	Empat
Quinze	Lima Belas
Seis	Enam
Sete	Tujuh
Treze	Tiga Belas
Três	Tiga
Um	Satu
Vinte	Dua Puluh
Zero	Nol

Oceano
Samudra

Alga	Alga
Atum	Tuna
Baleia	Paus
Barco	Perahu
Camarão	Udang
Caranguejo	Kepiting
Coral	Karang
Enguia	Belut
Esponja	Spons
Golfinho	Lumba-Lumba
Medusa	Ubur-Ubur
Ondas	Ombak
Ostra	Tiram
Peixe	Ikan
Polvo	Gurita
Recife	Terumbu
Sal	Garam
Tartaruga	Penyu
Tempestade	Badai
Tubarão	Hiu

Paisagens
Pemandangan Alam

Cascata	Air Terjun
Caverna	Gua
Colina	Bukit
Deserto	Gurun
Estuário	Muara
Geleira	Gletser
Golfo	Teluk
Iceberg	Gunung Es
Ilha	Pulau
Lago	Danau
Mar	Laut
Montanha	Gunung
Oásis	Oasis
Pântano	Rawa
Península	Semenanjung
Praia	Pantai
Rio	Sungai
Tundra	Tundra
Vale	Lembah
Vulcão	Gunung Berapi

Países #1
Negara # 1

Alemanha	Jerman
Brasil	Brazil
Camboja	Kamboja
Canadá	Kanada
Egito	Mesir
Equador	Ekuador
Espanha	Spanyol
Finlândia	Finlandia
Iraque	Irak
Israel	Israel
Itália	Italia
Índia	India
Mali	Mali
Marrocos	Maroko
Nicarágua	Nikaragua
Noruega	Norwegia
Panamá	Panama
Polônia	Polandia
Senegal	Senegal
Venezuela	Venezuela

Países #2
Negara #2

Albânia	Albania
Dinamarca	Denmark
França	Perancis
Grécia	Yunani
Haiti	Haiti
Indonésia	Indonesia
Irlanda	Irlandia
Jamaica	Jamaika
Japão	Jepang
Laos	Laos
Líbano	Libanon
México	Meksiko
Nepal	Nepal
Nigéria	Nigeria
Paquistão	Pakistan
Rússia	Rusia
Síria	Suriah
Somália	Somalia
Ucrânia	Ukraina
Uganda	Uganda

Pássaros
Burung-Burung

Avestruz	Burung Unta
Águia	Elang
Canário	Kenari
Cegonha	Bangau
Cisne	Angsa
Corvo	Gagak
Cuco	Cuckoo
Flamingo	Flamingo
Frango	Ayam
Gaivota	Gull
Ovo	Telur
Papagaio	Burung Beo
Pardal	Burung Pipit
Pato	Bebek
Pavão	Merak
Pelicano	Pelikan
Pinguim	Penguin
Pombo	Merpati
Tucano	Toucan
Turquia	Turki

Pesca
Penangkapan Ikan

Água	Air
Barbatanas	Sirip
Barco	Perahu
Brânquias	Insang
Cesta	Keranjang
Cozinhar	Masak
Equipamento	Peralatan
Exagero	Berlebihan
Fio	Kawat
Gancho	Kait
Isca	Umpan
Lago	Danau
Mandíbula	Rahang
Oceano	Laut
Paciência	Kesabaran
Peso	Berat
Praia	Pantai
Rio	Sungai
Temporada	Musim

Plantas
Tanaman

Arbusto	Semak
Árvore	Pohon
Baga	Berry
Bambu	Bambu
Botânica	Botani
Cacto	Kaktus
Erva	Herba
Feijão	Kacang
Fertilizante	Pupuk
Flor	Bunga
Flora	Flora
Floresta	Hutan
Folhagem	Dedaunan
Grama	Rumput
Hera	Ivy
Jardim	Kebun
Musgo	Lumut
Pétala	Kelopak
Raiz	Akar
Vegetação	Vegetasi

Profissões #1
Profesi # 1

Advogado	Pengacara
Alfaiate	Penjahit
Artista	Artis
Astrônomo	Astronom
Banqueiro	Bankir
Caçador	Hunter
Cartógrafo	Kartografer
Cientista	Ilmuwan
Dançarino	Penari
Editor	Editor
Embaixador	Duta Besar
Encanador	Tukang Ledeng
Enfermeira	Perawat
Geólogo	Ahli Geologi
Joalheiro	Perhiasan
Marinheiro	Pelaut
Músico	Musisi
Pianista	Pianis
Psicólogo	Psikolog
Veterinário	Dokter Hewan

Profissões #2
Profesi # 2

Agricultor	Petani
Astronauta	Astronot
Bibliotecário	Pustakawan
Biólogo	Ahli Biologi
Cirurgião	Ahli Bedah
Dentista	Dokter Gigi
Engenheiro	Insinyur
Filósofo	Filsuf
Fotógrafo	Fotografer
Ilustrador	Ilustrator
Inventor	Penemu
Investigador	Peneliti
Jardineiro	Tukang Kebun
Jornalista	Wartawan
Linguista	Ahli Bahasa
Médico	Dokter
Piloto	Pilot
Pintor	Pelukis
Professor	Curu
Zoólogo	Zoologi

Psicologia
Psikologi

Avaliação	Penilaian
Clínico	Klinis
Cognição	Kognisi
Comportamento	Perilaku
Compromisso	Janji
Conflito	Konflik
Ego	Ego
Emoções	Emosi
Experiências	Pengalaman
Inconsciente	Bawah Sadar
Influências	Pengaruh
Pensamentos	Pikiran
Percepção	Persepsi
Personalidade	Kepribadian
Problema	Masalah
Realidade	Realitas
Sensação	Sensasi
Sonhos	Mimpi
Terapia	Terapi

Química
Kimia

Alcalino	Alkaline
Ácido	Asam
Calor	Panas
Carbono	Karbon
Catalisador	Katalis
Cloro	Klorin
Elementos	Elemen
Elétron	Elektron
Enzima	Enzim
Gás	Gas
Hidrogênio	Hidrogen
Íon	Ion
Líquido	Cair
Molécula	Molekul
Nuclear	Nuklir
Orgânico	Organik
Oxigénio	Oksigen
Peso	Berat
Sal	Garam
Temperatura	Suhu

Restaurante # 2
Restoran #2

Almoço	Makan Siang
Aperitivo	Pembuka
Água	Air
Bebida	Minuman
Bolo	Kue
Cadeira	Kursi
Colher	Sendok
Delicioso	Lezat
Especiarias	Rempah-Rempah
Fruta	Buah
Garçom	Pelayan
Garfo	Garpu
Gelo	Es
Jantar	Makan Malam
Legumes	Sayuran
Macarrão	Mie
Peixe	Ikan
Sal	Garam
Salada	Salad
Sopa	Sup

Roupas
Pakaian

Avental	Celemek
Blusa	Blus
Calça	Celana
Camisa	Baju
Casaco	Mantel
Chapéu	Topi
Cinto	Ikat Pinggang
Colar	Kalung
Jaqueta	Jas
Jeans	Jeans
Luvas	Sarung Tangan
Meias	Kaus Kaki
Moda	Mode
Pijama	Piyama
Pulseira	Gelang
Saia	Rok
Sandálias	Sandal
Sapato	Sepatu
Suéter	Sweter
Vestido	Gaun

Saúde e Bem-Estar #1
Kesehatan dan Kebugaran

Altura	Tinggi
Ativo	Aktif
Bactérias	Bakteri
Clínica	Klinik
Doutor	Dokter
Farmácia	Farmasi
Fome	Kelaparan
Fratura	Patah
Hábito	Kebiasaan
Hormones	Hormon
Medicina	Obat
Nervos	Saraf
Ossos	Tulang
Pele	Kulit
Postura	Sikap
Reflexo	Refleks
Relaxamento	Relaksasi
Terapia	Terapi
Tratamento	Pengobatan
Vírus	Virus

Saúde e Bem-Estar #2
Kesehatan dan Kebugaran

Alergia	Alergi
Anatomia	Anatomi
Apetite	Nafsu Makan
Caloria	Kalori
Corpo	Tubuh
Dieta	Diet
Digestão	Pencernaan
Doença	Penyakit
Energia	Energi
Genética	Genetika
Higiene	Kebersihan
Hospital	Rumah Sakit
Humor	Suasana Hati
Infecção	Infeksi
Massagem	Pijat
Peso	Berat
Recuperação	Pemulihan
Sangue	Darah
Saudável	Sehat
Vitamina	Vitamin

Tempo
Waktu

Agora	Sekarang
Ano	Tahun
Antes	Sebelum
Anual	Tahunan
Calendário	Kalender
Depois	Setelah
Década	Dasawarsa
Dia	Hari
Futuro	Masa Depan
Hoje	Hari Ini
Hora	Jam
Manhã	Pagi
Meio-Dia	Siang
Mês	Bulan
Minuto	Menit
Momento	Saat
Noite	Malam
Ontem	Kemarin
Semana	Minggu
Século	Abad

Tipos de Cabelo
Jenis Rambut

Branco	Putih
Brilhante	Berkilau
Cachos	Ikal
Careca	Botak
Cinza	Abu-Abu
Colori	Berwarna
Encaracolado	Keriting
Fino	Tipis
Grosso	Tebal
Loiro	Pirang
Longo	Panjang
Marrom	Cokelat
Ondulado	Bergelombang
Prata	Perak
Preto	Hitam
Saudável	Sehat
Seco	Kering
Suave	Lembut
Trançado	Dikepang
Tranças	Kepang

Universo
Universe

Asteróide	Asteroid
Astronomia	Astronomi
Astrônomo	Astronom
Atmosfera	Suasana
Céu	Langit
Cósmico	Kosmik
Equador	Khatulistiwa
Galáxia	Galaksi
Hemisfério	Belahan Bumi
Horizonte	Horison
Inclinar	Miring
Latitude	Garis Lintang
Longitude	Garis Bujur
Lua	Bulan
Órbita	Orbit
Solar	Surya
Solstício	Solstice
Telescópio	Teleskop
Visível	Terlihat
Zodíaco	Zodiak

Vegetais
Sayuran

Abóbora	Labu
Aipo	Seledri
Alcachofra	Artichoke
Alho	Bawang Putih
Batata	Kentang
Beringela	Terong
Brócolis	Brokoli
Cebola	Bawang
Cenoura	Wortel
Chalota	Bawang Merah
Cogumelo	Jamur
Couve-Flor	Kembang Kol
Ervilha	Kacang
Espinafre	Bayam
Gengibre	Jahe
Nabo	Lobak
Pepino	Mentimun
Salada	Salad
Salsa	Peterseli
Tomate	Tomat

Veículos
Kendaraan

Ambulância	Ambulans
Avião	Pesawat
Balsa	Feri
Barco	Perahu
Bicicleta	Sepeda
Caminhão	Truk
Caravana	Kafilah
Carro	Mobil
Foguete	Roket
Furgão	Van
Helicóptero	Helikopter
Jangada	Rakit
Lambreta	Skuter
Motor	Motor
Ônibus	Bis
Pneus	Ban
Submarino	Kapal Selam
Táxi	Taksi
Transporte	Shuttle
Trator	Traktor

Virtudes #1
Kebajikan #1

Apaixonado	Asyik
Artístico	Artistik
Bom	Bagus
Confiante	Percaya Diri
Curioso	Penasaran
Decisivo	Menentukan
Eficiente	Efisien
Encantador	Menawan
Engraçado	Lucu
Generoso	Dermawan
Imaginativo	Imajinatif
Independente	Mandiri
Inteligente	Cerdas
Limpo	Bersih
Modesto	Sederhana
Paciente	Sabar
Prático	Praktis
Sábio	Bijaksana
Útil	Membantu

Parabéns

Conseguiu!

Esperamos que tenha gostado tanto deste livro como nós gostamos de o desenhar. Esforçamo-nos por criar livros da mais alta qualidade possível.
Esta edição foi concebida para proporcionar uma aprendizagem inteligente, de qualidade e divertida!

Gostou deste livro?

Um simples pedido

Estes livros existem graças às críticas que publica.
Pode ajudar-nos, deixando agora uma revisão?

Aqui está um pequeno link para
a sua página de revisão:

BestBooksActivity.com/Avaliacoes50

DESAFIO FINAL!

Desafio n° 1

Está pronto para o seu jogo grátis? Usamo-los a toda a hora, mas não são tão fáceis de encontrar - aqui estão os **Sinônimos!**
Escreva 5 palavras que encontrou nos puzzles (n° 21, n° 36, n° 76) e tente encontrar 2 sinónimos para cada palavra.

Escreva 5 palavras de **Puzzle 21**

Palavras	Sinônimo 1	Sinônimo 2

Escreva 5 palavras de **Puzzle 36**

Palavras	Sinônimo 1	Sinônimo 2

Escreva 5 palavras de **Puzzle 76**

Palavras	Sinônimo 1	Sinônimo 2

Desafio n° 2

Agora que já aqueceu, escreva 5 palavras que encontrou nos Puzzles (n° 9, n° 17 e n° 25) e tente encontrar 2 antônimos para cada palavra. Quantos se podem encontrar em 20 minutos?

Escreva 5 palavras de **Puzzle 9**

Palavras	Antônimo 1	Antônimo 2

Escreva 5 palavras de **Puzzle 17**

Palavras	Antônimo 1	Antônimo 2

Escreva 5 palavras de **Puzzle 25**

Palavras	Antônimo 1	Antônimo 2

Desafio n° 3

Óptimo! Este desafio final não é nada para si.

Pronto para o desafio final? Escolha 10 palavras que tenha descoberto nos diferentes puzzles e escreva-as abaixo.

1.	6.
2.	7.
3.	8.
4.	9.
5.	10.

Agora escreva um texto a pensar numa pessoa, num animal ou num lugar de seu agrado.

Pode utilizar a última página deste livro como um rascunho.

A Sua Composição:

CADERNO DE NOTAS:

ATÉ BREVE!

A equipa Inteira

DESCUBRA JOGOS GRATUITOS

GO

BESTACTIVITYBOOKS.COM/FREEGAMES